Nutrição

Fernando Gewandsznajder

(pronuncia-se Guevantznaider)

Licenciado em Biologia pelo Instituto de Biologia da Universidade Federal do Rio de Janeiro. Mestre em Filosofia pela Pontifícia Universidade Católica do Rio de Janeiro. Doutor em Educação pela Faculdade de Educação da Universidade Federal do Rio de Janeiro. Professor de Biologia do Colégio Pedro II.

Texto ficcional

Antonio Carlos Olivieri

editora ática

de olho na ciência

Nutrição

Diretor editorial	Fernando Paixão
Coordenação da edição	Leonardo Chianca (Jogo de Amarelinha)
Editora assistente	Angélica Pizzutto Pozzani
Coordenadora de revisão	Ivany Picasso Batista
Arte	
Projeto gráfico de capa	Eduardo Rodrigues
Editora	Suzana Laub
Editor assistente	Antônio Paulos
Editoração eletrônica	Maps World Eduardo Rodrigues
Iconografia	Sílvio Kligin (coord.)
Ilustrações	Bilau
Imagem de capa	© Ross Whitaker/The Image Bank

CIP-BRASIL. CATALOGAÇÃO NA FONTE
SINDICATO NACIONAL DOS EDITORES DE LIVROS, RJ

G337n
13.ed.

Gewandsznajder, Fernando, 1949-
Nutrição / Fernando Gewandsznajder ; ilustrações Bilau.
- 13.ed. - São Paulo : Ática, 2004.
56p. : il. - (De olho na ciência)

Contém suplemento de atividades
ISBN 978-85-08-09175-1

1. Nutrição. 2. Ciências (Ensino fundamental). I. Título.
II. Série.

05-1522. CDD 612.3
CDU 612.3

ISBN 978 85 08 09175-1 (aluno)
ISBN 978 85 08 09176-8 (professor)

2012
13ª edição
9ª impressão
Impressão e acabamento: Brasilform Editora e Ind. Gráfica

Av. Otaviano Alves de Lima, 4400 – CEP 02909-900 – São Paulo, SP
Atendimento ao cliente: 4003-3061 – atendimento@atica.com.br
www.atica.com.br – www.atica.com.br/educacional

Sumário

Apresentação

Segundo a Organização Mundial de Saúde (OMS), em 2002 havia no mundo 170 milhões de pessoas passando fome e 3,4 milhões de crianças morrendo por ano por falta de alimentos nos países pobres. Além disso, 27% das crianças até cinco anos de idade sofriam de desnutrição nos países em desenvolvimento. É importante saber que a desnutrição geralmente é uma consequência da pobreza. Mas ela também contribui para a pobreza porque diminui a capacidade produtiva do ser humano.

Por outro lado, cerca de 300 milhões de pessoas são clinicamente obesas e mais de 1 bilhão está acima do peso considerado ideal para a saúde. Calcula-se que cerca de 500 mil pessoas morrem por ano nos países ricos por doenças relacionadas à obesidade.

Tendo em vista esses dados, não é exagero afirmar que uma parte da população mundial morre por não ter o que comer e outra parte morre porque come demais. Fica clara, portanto, a importância de se ter uma alimentação equilibrada. Mas o que é uma alimentação equilibrada?

Comer bem não é comer muito. Comer bem é ter uma dieta balanceada, que atenda às necessidades do nosso corpo e ajude a manter a saúde, reduzindo o risco de várias doenças.

Infelizmente, quando o assunto é comida, muita gente dá palpite e muita informação errada aparece nos meios de comunicação: alimentos especiais que prometem curas para uma série de doenças, mas que jamais foram testados cientificamente; produtos para perder peso que apenas fazem a pessoa perder água pela urina, em vez de gordura; ou "dietas da moda" que prometem resultados rápidos.

Comece hoje mesmo a cuidar de sua alimentação. E não se esqueça também de praticar atividade física orientada por especialistas. Seu corpo e sua mente vão agradecer muito.

Uma dieta sentimental

I

Kenya. Isso é nome de garota? Para mim, era o nome de um país da África, e escrito em inglês. Mas é assim que se chama a menina mais bonita que já vi. Cabelo bem comprido, olhos verdes, rosto de anjo, e um sorriso que não vou saber explicar. Depois de conhecê-la, na piscina do clube, passei a achar o nome lindo e — cá entre nós — só tenho conseguido mesmo pensar nessa loirinha que foi batizada com ele.

Mas, se estou amarrado em Kenya, não tenho a mínima ideia do que ela sente por mim. Para começar, a gente se viu muito pouco, umas quatro vezes, após o encontro na piscina. Depois, pelo que me disseram alguns amigos em comum, ela é bastante tímida (parece até que só namorou uma vez, apesar de seus treze anos). Além disso, a verdade é que eu também não sou muito bom em me aproximar de garotas...

Com Kenya, pelo menos me esforcei, desde a primeira vez. Naquele domingo, nadei como um campeão olímpico, vencendo todo mundo que me desafiou na corrida — só para ver se eu chamava sua atenção. Mesmo sem fôlego, depois de tudo isso, consegui agradecer fazendo charme, quando ela me deu os parabéns.

Na segunda vez que a encontrei, no cinema, por acaso, não tive dúvida em sentar perto dela e perguntar se lembrava de mim. Só que nossa conversa começou praticamente junto com o filme... Não demorou, uns vinte chatos começaram a berrar por silêncio, cortando qualquer oportunidade. Depois da sessão, Kenya me pediu desculpas, mas tinha pressa de voltar para casa...

Nas semanas seguintes, nos encontramos de novo: no clube, numa lanchonete e em outro cinema. Em nenhuma das vezes deixamos de trocar umas ideias e Kenya sempre sorrindo para mim...

Mas dá para confiar em palavras e sorrisos, ainda mais de quem se conhece tão pouco? Se pelo menos ela estudasse na mesma escola que eu! Aí as coisas haviam de ficar bem mais simples, teria jeito de ir me chegando com tranquilidade. Saber qual é a dela, antes de tentar qualquer avanço. Tenho medo de escutar um não na cara.

Pensando bem, acho que não é só ela quem é tímida, não... Droga! Mas um jeito eu tenho de dar. Não posso perder uma garota assim. Ainda bem que o domingo e o clube não demoram muito para vir.

Era em tudo isso que eu pensava, quando deixava a escola e voltava para casa na sexta-feira mais quente desse último verão. O que aconteceu quando cheguei fez meus pensamentos desviarem do coração para o estômago. Meu pai me aprontou uma que tenha a santa paciência!

Para começar, estranhei que a mesa da sala estivesse posta. Nos dias de semana, minha mãe e eu costumamos comer na copa, pois meu pai costuma almoçar lá para os lados do trabalho dele. Quando entrei na cozinha, obtive a explicação: papai tinha sentido um mal-estar pela manhã e seu sócio o aconselhara a descansar pelo resto do dia. Só que, se ele precisava de sossego, por que foi logo implicar comigo?

Depois de minha mãe pôr as travessas sobre a mesa, meu pai pegou meu prato e me serviu um filé de fígado, arroz, legumes cozidos e um montão de brócolis. Só depois de uma irônica pausa cuidou de servir minha mãe e a si mesmo.

— Tá querendo me gozar, pai? — perguntei, encarando-o espantado. — Que brincadeira é essa? Você sabe que eu não gosto de fígado. Brócolis, então, eu odeio!

— Como é que você pode odiar um alimento que nunca experimentou? — ele respondeu perguntando, e com jeito de quem estava a fim de levar a sério a discussão.

Olhei para minha mãe, querendo entender se ela sabia o que aquilo significava ou, no mínimo, se pretendia tomar meu partido. Mamãe fingiu que nada de estranho estava acontecendo. Simplesmente sorriu amarelo, dizendo:

— É melhor a gente começar, senão esfria...

— Começar o quê? Eu não como isso aí, pô! — exclamei irritado. — Quero meu bife, minhas batatinhas... Se não tiver, pode ser só feijão, arroz e um ovo frito. Mas fígado e brócolis? Nem pensar!

Meu pai fixou em mim um olhar nem um pouco amigável. Levantou o indicador e deu início ao sermão:

— Você não acha que já está bem grandinho para ficar com essa criancice de "não como isso, não como aquilo"?... Acho que já está na hora de se alimentar como todo mundo e ampliar o seu cardápio enjoadinho de bebê... Você já tem quatorze anos!

— Acho que eu como o que eu quero, o que gosto — respondi, interrompendo seu discurso. — Sempre foi assim e você nunca falou nada, por que agora resolveu implicar?

— Sabe por que estou em casa, agora, José Vítor? — meu pai concedeu uma explicação. — De tanto comer porcarias na cidade, acabei me dando mal. Ando com uma tremenda dor de estômago faz dias e hoje ela nem me deixou trabalhar. Justo hoje, em que ia fechar meu melhor negócio do ano.

— Ah! Não fechou o negócio por causa da sua barriga e veio se vingar na minha! — reclamei, indignado. — É demais!

— Filho, seu pai não está se vingando — mamãe procurou me conter. — Ele está preocupado com você, com a sua saúde, só isso...

— É isso mesmo, Cláudia — meu pai concordou, em tom suave. — Só quero que você tenha uma alimentação saudável e normal.

— Não vai me dizer que é anormal não gostar de fígado ou de brócolis — repliquei, num tom mais tranquilo. — É uma questão de paladar, de gosto, e vocês sabem que gosto não se discute.

— Não é uma questão de gosto — meu pai definitivamente estava a fim de me contrariar. — É uma questão de hábito, de mau hábito. De um terrível mau hábito alimentar seu: não gosta de fígado, não suporta verduras, come peixe muito raramente e, ainda assim, só se sua mãe prepara do jeitinho que você gosta...

Olhei para mamãe e caí na risada:

— Viu? Foi defender seu marido, sobrou pra você...

Papai não gostou da brincadeira:

— De agora em diante, nesta casa, você vai comer o que todos nós comermos — ele rugiu, furioso. — Chega de privilégios e de frescuras!

— Calma, Ricardo! — mamãe pôs a mão em seu ombro. — Lembra que você estava passando mal hoje de manhã...

Por alguns momentos, o silêncio só não foi completo porque conseguia escutar o barulho dos dois, mastigando. Fiquei olhando para a comida em meu prato, sem me animar a segurar os talheres.

— Come, filho, está gostoso... — minha mãe insistiu.

Fiz uma careta de nojo e empurrei meu prato para o centro da mesa.

— Ou então fica com fome — desafiou meu pai, servindo-se de uma segunda porção.

Levantei para ir para o quarto. Enquanto atravessava o corredor, escutei a voz do velho, dizendo para minha mãe:

— Deixa, Cláudia, deixa. A fome é o melhor tempero que existe... Você vai ver que daqui a pouco ele volta, pedindo para você esquentar tudo...

"Engano seu, pai", pensei, procurando na gaveta da minha escrivaninha o resto da mesada. Contei o dinheiro, aliviado: dava com toda certeza para um grande lanche no Mike's Burger. Não era daquela vez que me fariam comer o que eu não queria, não. Dei um tempo para os dois se acalmarem. Quando se sentaram no sofá da sala de visitas, tomando um cafezinho, bati em retirada estratégica, anunciando:

— Lá pelas cinco estou de volta.

E corri para pegar um ônibus para o *shopping*. Minha barriga estava roncando de fome. Para enganá-la, durante o percurso, voltei a pensar em Kenya, loirinha que me abria um apetite diferente e novo para mim.

II

Num rápido zigue-zague, consegui atravessar a multidão que obstruía todas as passagens do *shopping*. Em poucos minutos, tinha chegado ao Mike's. Felizmente. A essa altura da tarde, nem pensar em Kenya enganava minha fome. Corri para o balcão e, antes de a moça do caixa dar o troco para o freguês da frente, eu já estava pedindo:

— Um *supermike's cheese* salada, uma *big* porção de batata frita, um *milk-shake* de chocolate...

Não demorou mais que dois minutos e minha refeição, embalada em caixinhas de isopor e um copo de papelão, chegava às minhas mãos, numa bandeja de plástico. Segurei-a com a mão direita, enquanto com a esquerda contava as notas do troco. Depois, olhei para o salão, à procura de uma mesa.

Não muito distante da porta da lanchonete, encontrei um amigo, o Bolão. Legal! Nem por ter tido a briga em casa eu ia almoçar sozinho. Cheguei devagar, pus a bandeja em sua mesa, mas tive de dizer um "oi" relativamente alto, para o Bolão deixar de lado seu sanduíche e perceber que era eu quem estava ali.

— Zé Vítor! — ele exclamou, surpreso. — O que é que você está fazendo por aqui?

— Que é que você acha? — perguntei, irônico. — A mesma coisa que você... Vim almoçar.

Não tenho bem certeza de que ele tenha escutado. Antes que completasse a resposta, Bolão se concentrara novamente no sanduíche que deglutia, satisfeito, acompanhando cada mordida com três ou quatro batatinhas.

— Não sabia que você costumava almoçar aqui também... — disse, para puxar conversa.

— Almoçar? — o amigo me olhou espantado. — Estou só fazendo um lanchinho... Almocei na minha casa, faz mais ou menos uma hora.

"Caramba!", pensei, "não é à toa que ele tem esse peso que lhe deu o apelido!" Alguém que faz — depois do almoço — um lanchinho como ele fazia só podia mesmo engordar. Mas eu é que não ia implicar com a alimentação dele, depois de meu pai ter implicado com a minha. Não era problema meu. Mudei de assunto:

— Você vai no clube domingo agora?

— Se fizer sol, e você?

Pensei um pouco, antes de dar a resposta. Não era o sol, nem o clube que me interessavam...

— Vou de qualquer jeito — disse. — Nem que chova canivete.

Bolão deu uma risada que quase o fez engasgar com seu *milk-shake*. Pôs o copo de lado e falou num tom que não me agradou:

— Estou sabendo...

— Sabendo o quê? — perguntei, disfarçando a irritação com uma mordida no meu *cheese* salada.

— Da Kenya... — ele respondeu, como se naquilo não existisse nenhuma novidade.

Putz! Se até o Bolão já tinha percebido, o que dizer da própria Kenya? Preocupado de verdade, procurei não perder a pose. Ataquei umas batatinhas, antes de começar o interrogatório:

— De que Kenya você está falando?

Bolão riu novamente. Levantou, foi até a lata de lixo onde despejou os restos. Dirigiu-se mais uma vez ao balcão, pedindo uma *banana-split*. Voltou com a sobremesa, ainda rindo, e disparou:

— Você acha que não percebi?

— Percebeu o quê? — insisti em disfarçar.

— Que você está louquinho por ela?

— Quem mais tá sabendo disso? — foi tudo que consegui perguntar, atordoado, como se tivesse sido apanhado em flagrante.

Sua resposta me tranquilizou um pouco:

— Só eu e o Carlito, acho...

— E ela? — quis saber, apoiando os cotovelos na mesa e aproximando o meu rosto do dele.

— Sei lá! Como é que vou saber? Não tenho muito papo com ela... Mas que você tem dado bandeira, lá isso tem. Nas duas vezes que eu vi você e a Kenya no clube, você parecia hipnotizado... só olhava para a garota, imóvel que nem um zumbi.

— Aí é exagero! — reclamei, irritado. — Também não é assim.

— Não precisa ficar nervoso — Bolão procurou me acalmar, falando com a boca cheia. — Se você gosta dela, o que é que tem?

— Tem que eu não sei se ela gosta de mim — confessei. — E nessas coisas é melhor não dar bandeira. Sei lá o que ela vai pensar... A gente mal se conhece. Eu bem que gostaria de ter mais oportunidades de me encontrar com ela...

— Pois eu vou te contar uma coisa — Bolão disse, limpando a boca com o guardanapo. — A Kenya é minha prima.

— Jura? — perguntei, invadido por uma imensa felicidade (quem sabe o Bolão podia aproximar a gente?).

— Você acha que eu ia mentir? José Vítor, você sabe que eu sou seu amigo!

— Pô! Então dá um jeito de eu me encontrar com ela — não consegui evitar o pedido. — Hoje, amanhã, domingo no clube... Preciso ver essa gatinha de novo!

— Quer que eu ligue para ela agora?

— Você tá brincando! — eu não podia acreditar.

— Tô nada — ele retrucou, com ar de Cupido. — Quer ou não quer?

— Claro!!!

Bolão revirou sua carteira, em que havia só alguns trocados. Olhou para mim, com ar malicioso, e propôs:

— Você me paga um *sundae*?

— Até dois.

Acariciando a barriga, Bolão se levantou da mesa após o segundo sorvete. Saímos do Mike's, em busca de um telefone público. Meu amigo me pediu uma ficha, discou e não demorou que atendessem do outro lado.

— Oi, tia, tudo bom? É o Lourival. A Kenya está?

Uma piscada de olho do Bolão me deixou menos ansioso durante a espera. Embora eu não escutasse as respostas, dava para entender que sua tia fora chamar a filha.

— Kenya, que que você está fazendo? — ele perguntou, como quem não quer nada, quando escutou a voz de sua prima. — Não quer dar um pulo aqui no *shopping*? Estou aqui dando umas voltas, com um amigo meu, o Zé Vítor... Isso, aquele que nada que nem um peixe...

A resposta pareceu demorar para vir. Meu coração parecia explodir no peito, enquanto o sanduíche que comi fazia malabarismos em meu estômago. Tinha vontade de arrancar o fone das mãos de meu amigo e insistir também com sua prima: "Vem, vem sim, Kenya...".

— Então tá — disse Bolão, afinal. — A gente te espera na porta daquela loja de discos... Isso, aquela que fica em frente à floricultura. Até já.

Desligando, ele se voltou para mim:

— Satisfeito?

Olhei para o garoto com uma gratidão difícil de medir. Meti a mão na carteira e certifiquei-me de que o dinheiro ainda dava para muita coisa. Ofereci:

— Quer mais um *sundae*?

— Está maluco? — Bolão reagiu, fazendo cara feia. — Se comer mais alguma coisa neste momento, eu estouro! Tá pensando que eu não tenho limite?

— Desculpa — pedi rápido, com medo de tê-lo ofendido. — Perguntei por perguntar...

— Quando a Kenya chegar a gente volta no Mike's — disse Bolão, lambendo o beiço, e completou, com um ar melancólico: — Você é que é um cara de sorte, Zé Vítor... Bonitinho, magrinho, não há de ter menina que não vá com a sua cara.

III

Mal demos três passos, alguém se interpôs entre nós dois e o corredor do *shopping* que pretendíamos seguir.

— Vocês gostam de incenso? — perguntou um rapaz de cabeça raspada e ar oriental, que vestia uma roupa esquisita.

— É de comer? — quis saber Bolão, interrompendo seus passos e olhando espantado para o tipo.

— Não — ele respondeu, com uma risada, passando um palito de incenso pouco abaixo do nariz de meu amigo. — É para acender e deixar a fumaça sair, perfumando o ambiente.

Como eu também o olhasse espantado, procurou ser mais claro:

— Sou adepto de uma religião oriental... Vendo incenso para arrecadar fundos para o meu templo.

— A gente está sem dinheiro — Bolão procurou desconversar, seco, me puxando pelo braço. — O que tenho mal dá para tomar um sorvete...

O rapaz insistiu, revidando o mau jeito de meu amigo:

— Pelo seu tamanho, você já tomou sorvete demais.

Aquilo me irritou e fui eu quem lhe dei como resposta:

— O que ele come não é da sua conta!

Em tom mais gentil, novamente sorrindo, o estranho respondeu:

— Na filosofia da Índia, a alimentação é muito importante. Aquilo que a gente come tem muito a ver com aquilo que a gente sente, sabia? Mais uma vez, coração e estômago se encontravam naquele meu dia. Não pude deixar de ficar curioso.

— Como é que é? — perguntei.

— Os livros religiosos da Índia ensinam que há três tipos de alimentação: a satívica, que estimula a bondade; a tamásica, que estimula a ignorância; e a rajásica, que estimula a paixão.

Eu começava a ficar interessado, mas Bolão aproveitou a deixa:

— Por falar em paixão — disse-me, convincente —, a Kenya já deve estar chegando. Ela mora aqui pertinho...

Não foi necessária nem mais uma palavra.

— Desculpa, a gente está com pressa — expliquei ao rapaz, que se curvou, numa despedida à oriental.

Em pouco tempo, cruzávamos a praça principal do *shopping*. Mas uma ideia do monge oriental ainda não tinha saído de minha cabeça.

— Será que comida tem a ver com sentimentos de verdade? — perguntei, falando alto, mas para mim mesmo.

— Quando como, me sinto feliz — respondeu Bolão, com uma gargalhada que não lhe permitiu mais andar.

Chegamos ao ponto de encontro no mesmo momento em que Kenya chegava. Ela cumprimentou o primo, mas o sorriso irradiante que trazia era evidentemente para mim.

— Você já conhece o Zé Vítor? — Bolão falou, depois de retribuir o beijo da prima.

— A gente se conheceu no clube — explicou Kenya, sem tirar os olhos de mim um só instante.

— Oi! — foi só o que consegui responder, embora este tenha sido o "oi" mais doce e gentil da minha vida.

Bolão precisou quebrar o silêncio que ficou pairando entre mim e Kenya.

— O Zé Vítor é muito legal. Prometeu pagar um *milk-shake* para mim — inventou, tomando o caminho do Mike's e fazendo sinal para que o seguíssemos.

Na lanchonete, foi Bolão quem provou ser muito legal. Falou bastante, para descontar minha mudez e a de Kenya. Mas, apesar de nossa timidez nos manter calados, eu percebia que alguma coisa misteriosa aproximava cada vez mais a loirinha de mim.

Quando Bolão acabou o sorvete, sorriu satisfeito e disse, piscando o olho para mim:

— Agora estou feliz. Comi muito bem!

— Imagine como deve ser triste não ter o que comer — retrucou Kenya, que parecia ter encontrado um assunto capaz de retirá-la de sua muda timidez.

— Não ter o que comer? — Bolão olhou para ela, assustado, como se despertasse de um sono profundo. — Deus me livre!

— Fique sabendo que, no Brasil, há milhões de pessoas passando fome — a loirinha prosseguiu, sorrindo da reação de seu primo.

— Verdade? — principalmente para o Bolão era difícil acreditar numa situação como essa.

— É verdade, sim — ela respondeu, e explicou: — É por isso também que eu estou aqui. A União dos Estudantes, da qual faço parte, está participando da Campanha Nacional contra a Fome... Não me diga que vocês não ouviram falar?

— Claro — tomei a dianteira, desconfiado que Bolão estivesse alheio a esse assunto. — Já ouvi falar disso muitas vezes, nos jornais da TV. E teve uma professora, também, que puxou o assunto na aula...

— E vocês não gostariam de participar da campanha?

— O que a gente tem de fazer? — quis saber Bolão, com um sorriso cheio de boa vontade.

— Bom, a gente está distribuindo convites para uma peça de teatro. Com o convite e mais dois quilos de alimentos não perecíveis, você pode assistir à peça de graça. Você troca seu ingresso por comida e com isso ajuda a gente a recolher alimentos, para distribuir aos que passam fome.

— Só isso? — Bolão achou muito pouco.

— Você pode também se juntar a algum grupo que participe da campanha ajudando a arrecadar mantimentos. O primeiro passo você já deu. Ficou preocupado com o problema. Vai pensar nele, ver como pode ajudar para resolvê-lo.

— Eu também quero participar — falei, antes que Bolão pudesse dizer qualquer coisa. — Como é que é essa história do teatro?

Kenya repetiu a explicação. Eu me comprometi a participar da campanha, mas não posso deixar de confessar: se o problema da fome era importante (como compreendo agora), naquele momento eu me comprometeria a qualquer campanha que fosse, desde que isso me aproximasse de Kenya.

Com compromisso ou sem compromisso, a tarde terminou sem que minha angústia terminasse com ela. Depois que nós três nos despedimos, fui para casa pensando: afinal, Kenya viera nos encontrar porque também estava a fim de me ver, ou viera simplesmente arrecadar mais donativos para a campanha de que participava?

**Perdido em seus pensamentos,
José Vítor se esqueceu completamente
da discussão que teve com o pai.
Mas essa conversa, mesmo que áspera,
colocou uma questão fundamental:
a importância de saber se alimentar.
É o que vamos ler nas páginas a seguir.**

1

Os caminhos do alimento

Ninguém consegue viver muito tempo sem comer. Todo mundo sabe disso. Mas a ciência quer saber mais: ela quer saber por que não podemos ficar sem comer, o que acontece com o alimento no corpo, para onde vai, para que serve e como o alimento pode melhorar ou piorar nossa saúde.

Para que servem os alimentos?

Em primeiro lugar, o alimento serve para a construção do corpo. Mas o que isso quer dizer?

Todos nós já fomos, um dia, uma célula microscópica, a célula-ovo, que foi se dividindo e originando outras células. Graças a essa divisão, nosso corpo se formou e cresceu. E todo o material necessário para essa construção veio do alimento.

Mas a construção do corpo não para. Muitas partes dele precisam ser renovadas. Quando tomamos banho, por exemplo, inúmeras células da pele se perdem. Mas as que ficam se dividem, originando novas células.

O nosso sangue é constituído por diversos tipos de células, entre elas os glóbulos vermelhos, também chamados de hemácias, que são constantemente renovadas. Essa renovação acontece em várias partes do corpo e só é possível porque o alimento fornece a matéria-prima para formar novas células, substituindo as partes perdidas.

O crescimento e a renovação do corpo, assim como todas as suas outras atividades, precisam de energia. Até quando dormimos o corpo usa energia para se aquecer, para bombear o sangue para os órgãos e para produzir novas células. É o alimento que fornece essa energia. Pode-se dizer que o alimento é como o combustível do carro: ele

Desenvolvimento

Nascimento

Atividades físicas

Renovação da pele

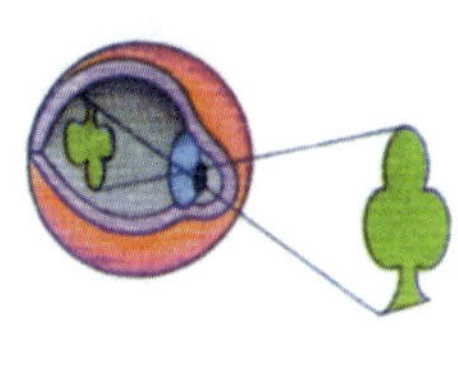

Funcionamento de atividades vitais, como a visão

Alimentos fornecem energia para as atividades do nosso organismo.

é o combustível do corpo. Sem alimento, ele para. Só que enquanto o carro queima combustível, nosso corpo queima principalmente açúcares (também chamados carboidratos) e gorduras (os lipídios).

Todas essas atividades acontecem de modo organizado em nosso organismo, que funciona como um imenso laboratório químico, transformando uma substância em outra e retirando energia dos alimentos. As vitaminas encontradas nos alimentos são responsáveis pelo controle de todas essas transformações. Elas ajudam, por exemplo, o depósito de cálcio nos ossos ou a renovação das células da pele.

Só com essas poucas informações é possível concluir como o alimento é importante: ele faz nosso corpo crescer e se renovar, fornece energia e regula todas as funções.

De que são feitos os alimentos?

"Por favor, eu gostaria de 12 g de proteínas, 8 g de gordura, 28 g de carboidratos, 220 g de cálcio, 195 microgramas de vitamina A..."

Se você começar a pedir uma fatia de pizza de mussarela desse jeito, com certeza vão achar que você enlouqueceu. Mas essas são algumas das substâncias que existem na pizza e em outros alimentos. Essas substâncias são chamadas de **nutrientes**, porque são elas que vão nutrir o corpo, fornecendo energia, regulando as funções ou renovando as células.

Para que o corpo funcione bem, ele precisa receber um pouco de cada nutriente. Mas não existe um alimento que sozinho tenha a quantidade certa de todos os nutrientes. Cada alimento é rico em alguns nutrientes e pobre em outros. Por isso, é necessário ter uma dieta variada e equilibrada, para que a falta de nutrientes em certo alimento seja compensada por sua presença em outro.

Para que os nutrientes possam ser utilizados pelo organismo, os alimentos têm de passar por várias transformações químicas. Muitos nutrientes, por exemplo, são grandes demais para entrar nas células, onde irão desempenhar suas funções. Para que isso ocorra, eles têm de ser quebrados em partes menores, capazes de serem absorvidas pelas células. Esse processo é chamado de **digestão** e para realizá-lo o corpo usa água e substâncias especiais, as enzimas digestivas.

Vamos entender melhor a digestão acompanhando agora o que acontece com um sanduíche de queijo à medida que ele passa pelo sistema digestório (ou digestivo).

A nova nomenclatura

Existe uma proposta de criar um novo vocabulário para as ciências da saúde. De acordo com essa nova nomenclatura, sistema digestivo passa a ser chamado sistema digestório. Isso porque *digestório* é aquilo que tem o poder de digerir, enquanto *digestivo* é o que facilita a digestão.

Da boca ao estômago

O pão do sanduíche é rico em amido, um carboidrato. Já o queijo possui proteínas e gorduras. Todos esses nutrientes serão desmontados aos poucos, para serem absorvidos pelos intestinos e transportados pelo sangue para as células do corpo.

A primeira coisa que acontece quando vemos e sentimos o cheiro do sanduíche é ficarmos "com água na boca": isso ocorre porque as glândulas salivares se antecipam e começam a fabricar saliva. A saliva possui uma enzima, a amilase salivar ou ptialina, que começa a quebrar um açúcar do pão, o amido, em partes menores. Enquanto isso, os dentes cortam e amassam o alimento e vão, junto com a língua, misturando-o à saliva.

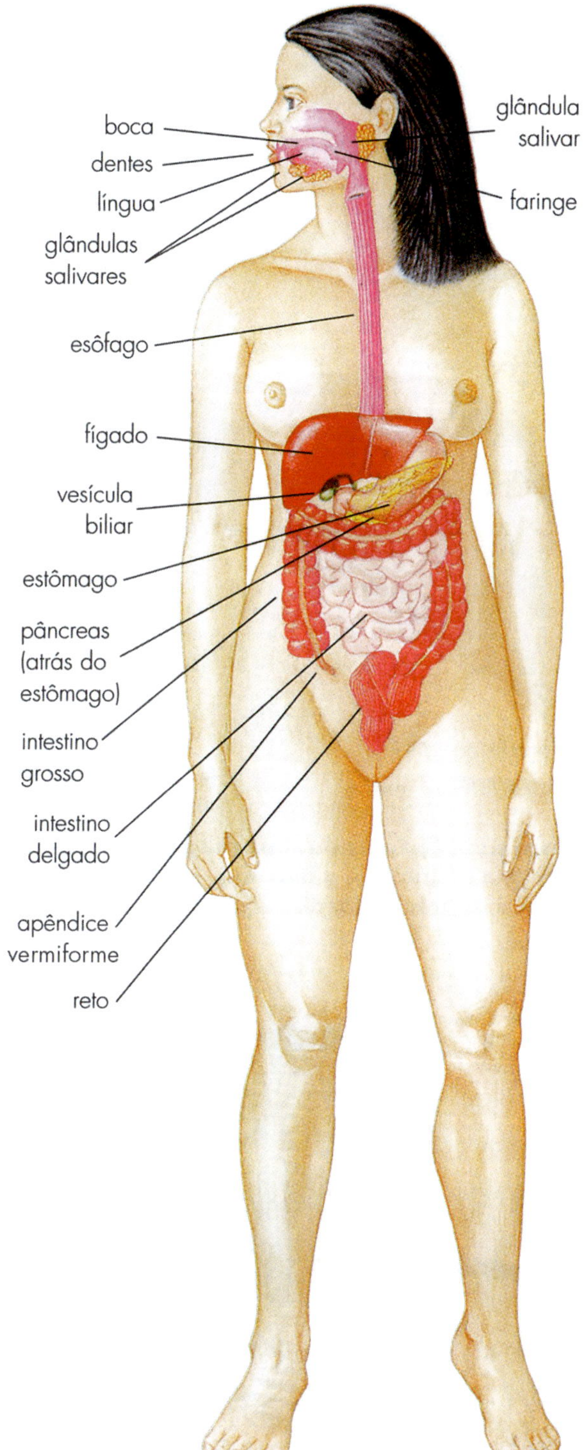

O sistema digestório

Em seguida, o alimento é empurrado para a faringe e, depois, para um longo tubo, o esôfago. Os músculos do esôfago levam o alimento para o estômago. Lá, os músculos continuam a se contrair, esmagando e misturando o alimento com um suco produzido pelo próprio estômago, o suco gástrico.

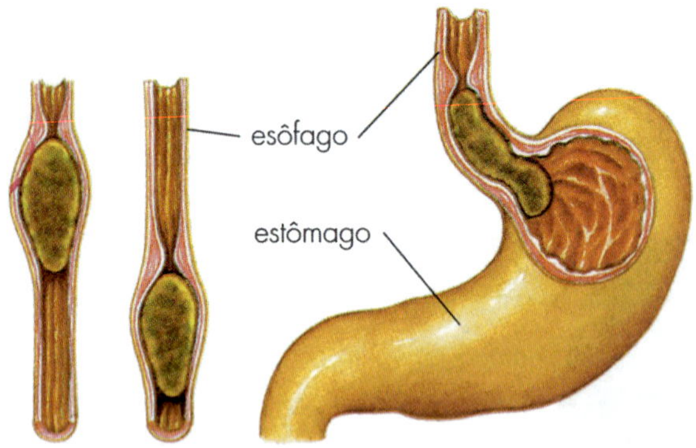

O alimento é impulsionado ao longo do tubo digestório por contrações musculares, os movimentos peristálticos.

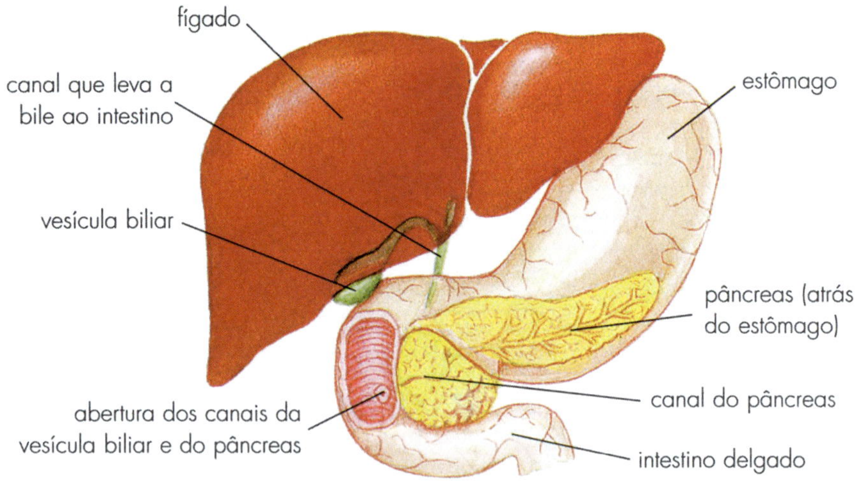

O pâncreas lança uma série de enzimas digestivas no duodeno (o início do intestino delgado) e a vesícula biliar lança a bile, um líquido que ajuda a dissolver gorduras, facilitando sua digestão.

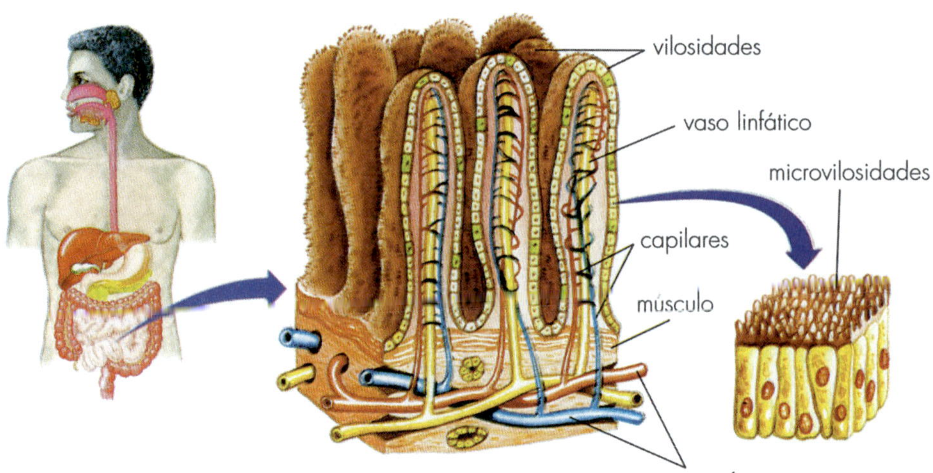

O grande número de dobras (as vilosidades) na parede do intestino delgado e em suas células (microvilosidades) aumenta a área de absorção do alimento.

Úlceras, hepatite e cirrose

O ácido clorídrico é tão forte que poderia destruir as próprias células que forram o estômago. Isso não acontece porque o estômago fabrica uma substância que forra suas paredes internas e protege suas células. Em certos casos, porém, essa defesa deixa de agir e o ácido passa a corroer a parede do estômago ou a do início do intestino: é a úlcera péptica.

A úlcera pode ter várias causas, entre elas o uso de certos medicamentos e a ação de uma bactéria, chamada *Helicobacter pylori*.

Os sintomas variam muito: pode haver dor e queimação na parte superior do abdome, perda de apetite, vômitos e outros. Somente o médico pode fazer o diagnóstico correto e iniciar o tratamento. Se não for tratada corretamente, a úlcera pode piorar e até perfurar a parede do estômago.

O consumo excessivo de bebidas alcoólicas, a ação de certas substâncias químicas e alguns tipos de vírus provocam uma inflamação no fígado: a hepatite. A hepatite pode levar à cirrose hepática, que é a destruição de parte do fígado. A cirrose pode progredir até o ponto de o fígado deixar de realizar sua função, o que provoca a morte da pessoa.

Se a causa da cirrose for o álcool, a pessoa tem de parar de beber. Em certos casos, a única solução é o transplante de fígado.

Esse suco possui ácido clorídrico, que facilita a digestão e mata muitos germes perigosos. Há também uma enzima, a pepsina, que ataca a proteína do queijo e do pão, e a lipase, que quebra os lipídios ou gorduras. Após umas quatro horas, o sanduíche já virou uma massa ácida branca e pastosa, chamada quimo.

O final da digestão

No duodeno, que corresponde aos 25 centímetros iniciais do intestino, são lançadas as secreções do fígado e do pâncreas.

O fígado é um dos órgãos mais versáteis do nosso corpo. Funcionando como um complexo laboratório químico, ele acumula açúcares e vitaminas, transforma um nutriente em outro, destrói substâncias tóxicas e remove glóbulos vermelhos já "gastos" da circulação.

Além de tudo, ele ainda produz a bile, que é armazenada na vesícula biliar, antes de ser lançada no intestino. A bile atua como uma espécie de detergente: ela separa a gordura em gotículas pequenas, que se dissolvem na água. Isso facilita o trabalho das enzimas que quebram as gorduras em partes menores.

Enquanto isso, o pâncreas bombardeia a comida com vários tipos de enzimas: tripsina, que ataca proteínas; lipase, que ataca lipídios; e amilase, que ataca o amido. Ao longo do intestino delgado (formado pelo jejuno e pelo íleo) o alimento vai receber ainda diversas enzimas que terminam a digestão.

Agora nosso sanduíche de queijo transformou-se em um líquido branco, o quilo. Ele é uma mistura de muitos pequenos nutrientes, que serão absorvidos pelo intestino delgado e lançados no sangue. O sangue vai se encarregar de distribuir os nutrientes para todas as células.

A última etapa do que restou do sanduíche é o intestino grosso. Ao longo de sua maior parte, ocorre absorção de água e sais minerais. No final de tudo, sobram as fezes, que serão eliminadas pelo final do intestino grosso, o reto. As fezes são formadas por água, restos não digeridos de alimento, bem como por bactérias e células mortas eliminadas pelo intestino.

A digestão cumpriu sua função: os nutrientes foram transformados em formas mais simples, atravessaram o intestino, caíram no sangue e foram levados até as células.

Mas que funções os nutrientes irão desempenhar no corpo? É o que veremos a seguir.

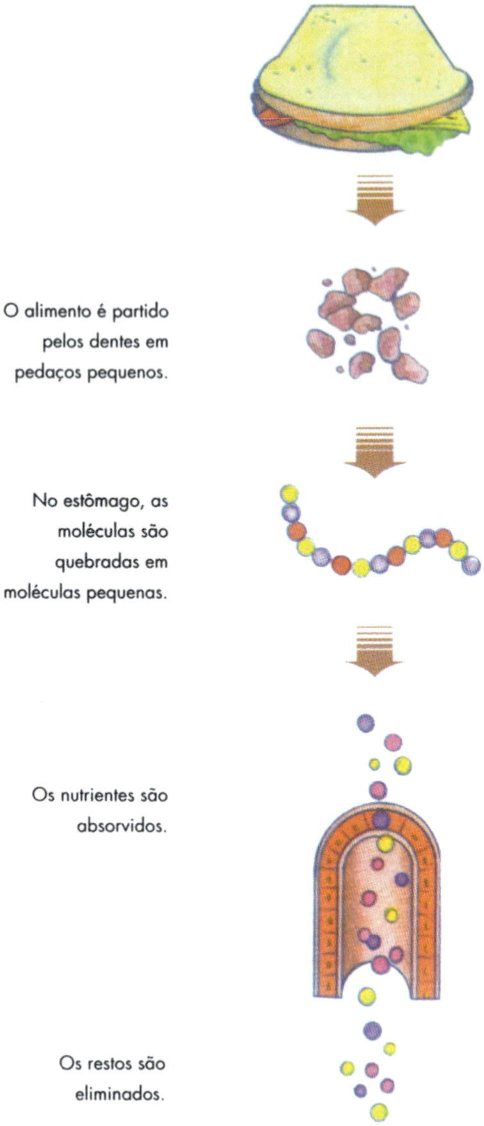

Depois da digestão, o alimento é absorvido pelo intestino delgado e os restos são eliminados pelo intestino grosso.

Diarreia

A diarreia pode ser causada por infecções ou pelo uso de certos medicamentos. As contrações do intestino ficam mais fortes e boa parte da água deixa de ser absorvida, tornando as fezes líquidas.

É necessário repor a água e os sais minerais perdidos bebendo líquidos aos poucos e com frequência.

Se houver sinais de desidratação (olhos fundos e ressecados, boca seca, perda de elasticidade da pele), se a diarreia for intensa e durar mais de 24 horas, ou ainda se houver febre, vômitos ou sangue nas fezes, é preciso procurar logo assistência médica.

Para evitar a desidratação, crianças e idosos, principalmente, devem tomar o soro de reidratação oral, fornecido nos postos de saúde. Outra opção é o soro caseiro: um copo de água filtrada e fervida com uma pitada de sal e duas colheres (das de chá) de açúcar, que deve ser tomado a cada 20 minutos e após cada evacuação líquida.

A diarreia causada por infecção é uma das causas da mortalidade infantil no Brasil. Isso se deve principalmente à falta de água limpa e de esgoto tratado entre parte da população mais carente.

2

Carboidratos

Pode apostar: hoje você comeu mais carboidratos do que qualquer outra coisa. Só que na forma de arroz, batata, feijão, pão, frutas ou o encontrado nas raízes e caules. E a maior parte dos carboidratos desses alimentos serviu para dar energia ao corpo. É por isso que os alimentos ricos em carboidratos são chamados alimentos energéticos.

Keystone

João Correia/Sigla

Ricardo Arias/Stock Photos

kcal/dia

Bebê (8 kg) durante o período de amamentação
950

Criança de 4 a 6 anos (19 kg)
1 700

Menino de 16 a 19 anos (58 kg)
2 850

Menina de 16 a 19 anos (49 kg)
2 100

Homem adulto
3 200

Mulher adulta
2 300

Mulher grávida
2 600

Mulher durante o período de amamentação
3 100

A necessidade energética de uma pessoa varia com a idade, o sexo, o peso e em situações especiais, como na gravidez e lactação.

Com exceção do mel, todos os alimentos ricos em carboidratos saem das plantas:

- **cereais**: arroz, trigo, aveia, milho, centeio, cevada e os alimentos feitos com farinha (pão, biscoito, macarrão, bolo etc.);
- **raízes e tubérculos**: batata, aipim, cará, cenoura, beterraba etc.;
- **leguminosas**: feijão, ervilha, lentilha, soja, grão-de-bico etc.;
- **frutas**: banana, maçã, mamão, manga, abacaxi etc.;
- **alimentos que levam açúcar comum (sacarose)**: geleias, compotas, balas, bolos, doces, tortas, chocolates, sorvetes, refrigerantes, chicletes etc.

O principal carboidrato encontrado nos vegetais é o amido. É ele que dá a cor branca ao arroz, à farinha, à mandioca e outros. O amido é formado da união de muitas partes (moléculas) de outro carboidrato, a glicose. Na digestão, o amido é quebrado até se transformar em glicose, que é bastante pequena para ser absorvida pelo intestino.

Já o açúcar comum ou sacarose é formado pela união de dois açúcares menores, a glicose e a frutose. Ele também é quebrado e absorvido no intestino.

Medindo a energia

A energia dos alimentos pode ser medida em calorias. Uma caloria é a quantidade de calor (o calor é uma forma de energia) que aumenta a temperatura de um grama de água em um grau Celsius.

A caloria é uma unidade muito pequena: uma única maçã, por exemplo, tem 70 000 calorias. Por isso, é mais conveniente medir a energia do alimento em quilocalorias (kcal). Uma quilocaloria vale 1 000 calorias (uma maçã tem, então, 70 kcal).

A principal fonte de calorias para o corpo são os carboidratos, mas nosso organismo pode também utilizar as gorduras para a mesma finalidade. Já as proteínas, importantes para a construção do corpo, são usadas só em último caso, quando falta carboidrato ou gordura.

A quantidade de calorias que uma pessoa precisa depende principalmente de quanta energia ela gasta durante o dia. Quanto maior a atividade física, mais calorias ela dispende. Um adulto com pouca atividade física pode precisar de menos de 2 000 kcal por dia. Já um outro que pratique exercícios, ou tenha um trabalho manual pesado, precisa de umas 3 000 kcal. Mesmo que uma pessoa fique deitada o dia inteiro, ela vai gastar entre 1 300 e 1 800 kcal para manter a temperatura do corpo, bem como os órgãos e as células funcionando.

Cuidado com as calorias!

Quem não gosta de doce? É bom lembrar que comer também dá prazer. Mas veja só: uma fatia grande de torta, duas bolas de sorvete ou um copo pequeno de *milk-shake* de chocolate têm, cada um, cerca de 400 kcal.

Para conseguir todas essas calorias, você teria de comer 9 laranjas ou 6 maçãs. Ou, então, mais de 2 quilos de tomate ou mais de meio quilo de batata. E para queimar essas 400 kcal, teria de caminhar 2 horas ou jogar pelo menos 1 hora de futebol.

Por isso, por mais que você goste de balas, doces, tortas, bolos, chocolates, sorvetes, refrigerantes e outras "gostosuras", evite consumir em excesso esses alimentos: eles costumam ser ricos em gordura e açúcar comum ou sacarose (uma fatia de bolo, por exemplo, pode ter até 10 colheres pequenas de açúcar).

O resultado do consumo exagerado desses alimentos pode ser um excesso de calorias que fica armazenado na forma de gordura, o que pode causar obesidade e problemas ao coração.

Além disso, o açúcar é transformado por bactérias da boca em ácidos que corroem os dentes e facilitam as cáries. Quanto mais açúcar você comer, mais chances tem de desenvolver cárie. Por isso, deve-se escovar bem os dentes depois de comer qualquer alimento que tenha açúcar, além de escová-los após as refeições e antes de dormir.

Veja aqui quantas calorias você gasta por atividade:

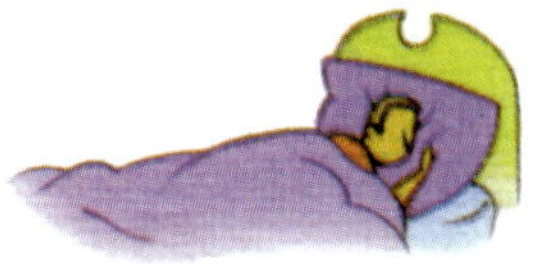

Dormindo ou deitado em repouso: 60 kcal por hora

Lendo ou assistindo TV sentado: 85 kcal por hora

Andando devagar: 210 a 230 kcal por hora

Andando rápido: 310 a 350 kcal por hora

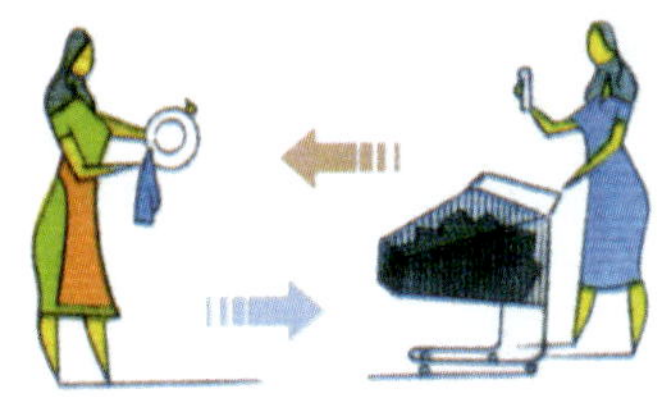

Lavando louça, limpando a casa, trabalhando no escritório ou fazendo compras: 120 a 300 kcal por hora

Andando de bicicleta: 320 a 480 kcal por hora

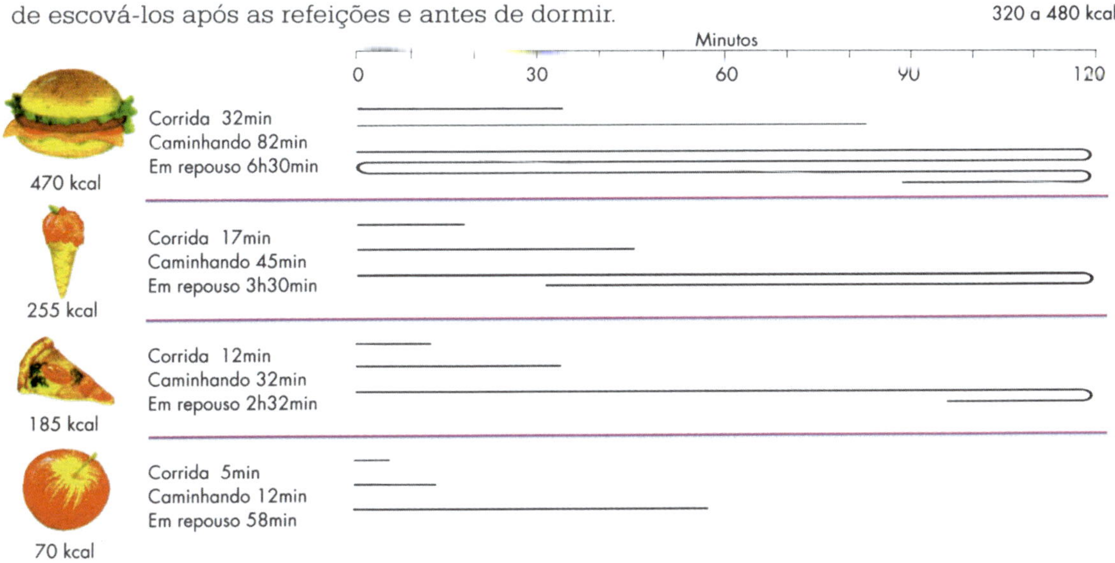

Não abuse de alimentos muito ricos em calorias: você precisa correr meia hora para gastar as calorias de um *cheeseburger* salada, por exemplo. Em repouso, então, leva mais de seis horas!

Açúcar, um terrível vilão?

Algumas pessoas acham que o açúcar é um terrível vilão, podendo provocar até câncer! Não é bem assim. Vamos ver o que de fato se sabe sobre o assunto.

Um problema do açúcar comum é que ele é só isso: açúcar. Os outros nutrientes foram deixados para trás durante o processo de refinação. Alimentos com muito açúcar diminuem o apetite, mas não fornecem todos os nutrientes. Daí a eterna "bronca" das mães, para os filhos pararem de comer doces antes das refeições.

O primeiro produto tirado da cana-de-açúcar, o melado, ainda contém vários sais minerais. Por isso, ele (ou sua forma cristalizada, a rapadura) é mais nutritivo que o açúcar.

Já o açúcar mascavo, de cor escura, tem uma quantidade insignificante de sais minerais (e engorda tanto quanto o açúcar branco, ao contrário do que algumas pessoas pensam).

A mesma coisa vale para o mel: a quantidade de vitaminas e sais minerais é muito pequena e também tem tantas calorias quanto o açúcar (para conseguir o cálcio contido em uma xícara de leite, por exemplo, seriam necessárias quase 300 colheres de mel!). E apesar de toda a propaganda sobre os poderes medicinais do mel e seus derivados (pólen, geleia real etc.), ainda faltam estudos científicos para comprovar que ele possa curar de fato doenças. Se você gosta do sabor característico do mel, aproveite — mas sem exagero.

Delfim Martins/Pulsar

Abelhas armazenando mel dentro de favos.

Voltando ao açúcar, é claro que devido à falta de sais minerais, vitaminas e outros nutrientes, o açúcar refinado não é um alimento completo, mas afirmações de que ele "vicia" ou causa câncer, depressão, diabete, hipoglicemia e um sem-número de doenças não tem comprovação científica.

Além disso, em países subdesenvolvidos, o açúcar é uma fonte barata de energia. Se a criança não contar com essa fonte, ela acaba usando suas próprias proteínas e, aí sim, aparecem as doenças da desnutrição.

Do lado oposto dessas doenças está a obesidade. Mas ela é provocada por um excesso de calorias, que pode vir, por exemplo, de um consumo exagerado de alimentos gordurosos — não necessariamente de açúcar.

O ideal é preferir uma fruta como sobremesa em vez de um doce, ou um suco ou refresco de fruta, em vez de refrigerantes. No entanto, se os doces são parte pequena de uma alimentação variada e equilibrada, não há nenhum inconveniente. Como já falamos, deve-se comer também por prazer e não apenas para manter a saúde.

A importância da fibra

Contrariamente aos animais herbívoros, o homem não consegue digerir bem certos carboidratos das plantas, como a celulose e a pectina, que, por isso, são eliminados pelas fezes.

Mas, ao contrário do que possa parecer, as fibras não são um alimento inútil: elas são capazes de absorver água, tornando as fezes mais macias e mais fáceis de eliminar; as fibras também estimulam os movimentos musculares do intestino, que passa a trabalhar melhor, evitando a prisão de ventre.

Os cientistas descobriram ainda que as fibras diminuem a absorção do colesterol, um lipídio que, em excesso, prejudica o coração e a circulação.

Como se não bastasse tudo isso, as pesquisas mostram que uma dieta rica em fibra parece diminuir a incidência de câncer e outras doenças do intestino grosso.

No entanto, para facilitar o armazenamento e a conservação dos cereais, a indústria retira boa parte das fibras aí encontradas (como as fibras retêm água, fica mais fácil de o alimento estragar). Isso pode fazer com que a dieta fique pobre em fibras.

Em geral, cerca de 30 g de fibra por dia são suficientes — e essa quantidade pode ser obtida comendo com regularidade verduras, frutas e legumes, como: goiaba, maçã, abacate, manga, pera, ameixa preta, laranja (com bagaço), cenoura, couve, abóbora, pinhão (a semente do pinheiro).

Proteja seu intestino comendo alimentos com fibras.

Algumas pessoas podem precisar de uma dose extra de fibra para o intestino funcionar bem. Elas poderão usar uma fonte natural, como o farelo de trigo, ou então algum medicamento. Nesse caso, porém, é melhor consultar o médico — comer fibra demais pode causar diarreia e perda de sais minerais e vitaminas.

A saúde da boca

Olhando para nossos dentes, podemos perceber que estamos adaptados a uma alimentação variada: os 8 dentes da frente, chamados incisivos, cortam pedaços de frutas e legumes; os 4 caninos furam e rasgam carne; os 8 pré-molares e 12 molares amassam e trituram cereais, folhas e a comida em geral. Esses são os chamados dentes permanentes, que substituem os 20 dentes dos primeiros anos de vida (primeira dentição ou "dentição de leite").

A estrutura do dente está adaptada ao trabalho de quebrar o alimento. Ele é coberto por uma das substâncias mais duras da natureza, o esmalte. Sob o esmalte há um tecido com sais de cálcio semelhante ao osso – a dentina. Finalmente, na raiz do dente, que fica abaixo da gengiva, estão a polpa dentária, com vasos sanguíneos, que nutrem o dente, e os nervos, que lhe dão sensibilidade ao calor, ao frio e à dor.

As bactérias que vivem em nossa boca alimentam-se do açúcar contido em restos de alimentos que se depositam sobre os dentes e transformam esse açúcar em ácidos. Estes, por sua vez, podem corroer o esmalte e depois a dentina, formando uma cavidade no dente. É a cárie. Quanto mais açúcar, mais bactérias haverá e mais ácido será produzido. As bactérias podem se multiplicar a ponto de formar placas, que ficam grudadas aos dentes. São as placas bacterianas.

Se o dente afetado não for tratado, as bactérias podem chegar até a polpa, o que causa muita dor. Para manter dentes saudáveis, o ideal é escová-los ao acordar, depois de cada refeição e antes de se deitar. É preciso moderar o consumo de alimentos ricos em açúcar (balas, doces etc.) ou sempre escovar os dentes depois de comê-los. E não se esqueça de ir com regularidade ao dentista!

O fio dental deve ser usado para remover os resíduos de alimento dos locais onde a escova não alcança (o palito pode machucar a gengiva).

A adição de flúor à água que abastece a cidade torna os dentes mais resistentes. No entanto, nem todos os municípios do Brasil recebem água tratada com flúor.

O problema é que a baixa renda da maioria da população dificulta o tratamento com o dentista ou até mesmo a compra de escova de dentes.

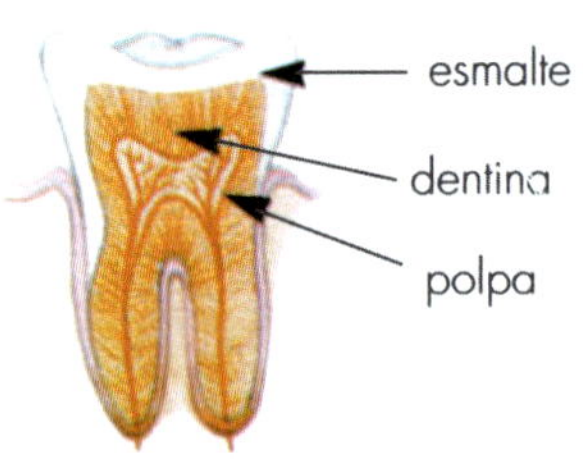

dente normal

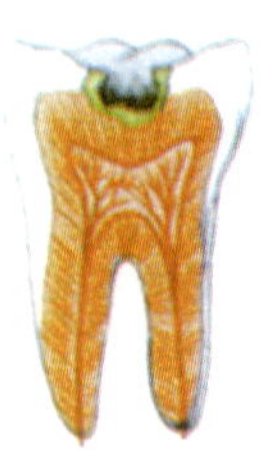

A cárie ataca o esmalte e depois a dentina. Por enquanto, o dente pode ser restaurado.

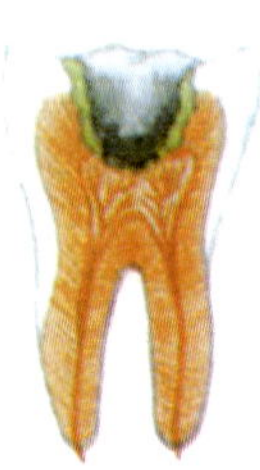

Mas se a cárie chegar à polpa, poderá ser necessário removê-la, juntamente com o nervo.

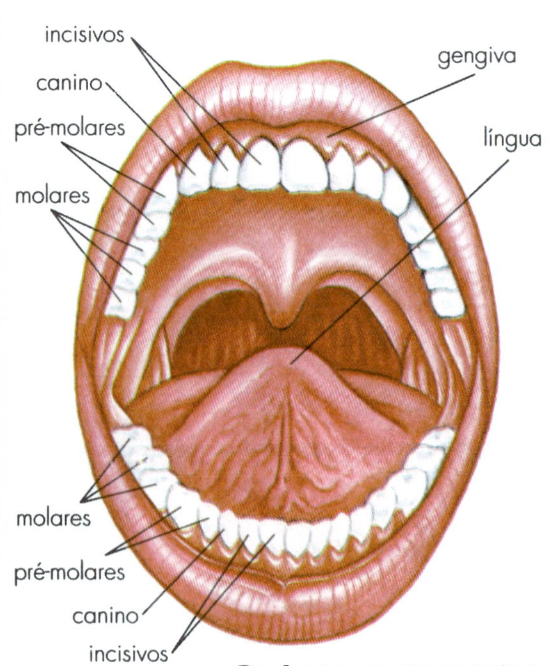

Os dentes permanentes.

3

Lipídios

Comer muito engorda simplesmente porque nosso corpo guarda o excesso de comida — na forma de gordura ou de um tipo de lipídio — para usar depois. Por isso, se você come mais calorias do que está gastando, pode ganhar peso.

Suponha, por exemplo, que você coma muito açúcar. Uma parte é usada logo como fonte de energia. Outra parte é guardada no fígado (na forma de um carboidrato) para ser utilizada mais tarde. Mas como a capacidade de armazenamento do fígado é limitada, o resto do açúcar é transformado em lipídios que podem acabar depositados sob a pele e em volta de diversos órgãos do corpo.

Esse depósito tem uma função: ele serve como uma reserva de energia em épocas de falta de comida. E é uma reserva muito econômica: enquanto 1 g de carboidrato ou de proteína produz 4 kcal, 1 g de gordura produz 9 kcal, mais do que o dobro! Isso deve ter sido muito importante nos tempos da Pré-História. Hoje, porém, o excesso de gordura nem sempre é consumido e pode inclusive levar à obesidade.

Os lipídios servem como reserva de energia que ajuda os animais a sobreviverem em épocas de pouco alimento e como proteção contra o frio.

Marcos Rosa/Angular

Rosa Gauditano/Fotograma

Richard Fukuhara/Stock Photos

Duncan Davis/Ace/Stock Photos

Mas as gorduras não servem apenas como reserva de energia. Elas são usadas também para construir a membrana das células, na produção de alguns hormônios e para proteger o corpo contra o frio e traumatismos.

Os lipídios podem ser encontrados tanto em alimentos de origem vegetal como de origem animal: leite e derivados (manteiga, queijo, creme de leite), ovos (somente a gema), banha, toucinho, carnes e derivados (presunto, salsicha, linguiça, *bacon*), margarina, óleos (de soja, milho, girassol etc.), azeite, amendoim, abacate, coco, azeitona, castanha, noz, amêndoa e os produtos feitos com leite ou ovos (maionese, torta, bolo, sorvete etc.).

É recomendável que, no máximo, 30% das calorias diárias venham de gorduras. Se uma pessoa consome 2 000 calorias por dia, por exemplo, ela poderá conseguir 600 calorias ingerindo cerca de 66 gramas de gordura. Consumir mais do que isso pode ser arriscado: o excesso de gordura é perigoso para o organismo, como vamos ver a seguir.

As gorduras e a arteriosclerose

A cada ano milhões de pessoas morrem em todo o mundo vítimas de doenças do coração. E a causa número um de doenças cardíacas é a arteriosclerose, o "endurecimento das artérias".

Essa doença começa com o acúmulo de gordura nas artérias. À medida que envelhecemos, esses depósitos viram placas, onde se acumulam colesterol, tecidos duros e, depois, cálcio.

Com isso, as artérias vão ficando cada vez mais estreitas, diminuindo o fornecimento de oxigênio para os órgãos. Se isso ocorre nas artérias que alimentam o coração (coronárias), esse órgão pode deixar de receber oxigênio suficiente, principalmente durante um esforço maior, quando a pessoa sente uma dor característica: é a angina de peito (*angina pectoris*).

As placas também podem arrebentar, provocando a formação de um coágulo sanguíneo que bloqueia de vez a passagem do sangue. Se as artérias coronárias forem atingidas, uma parte do músculo morre: é o ataque cardíaco ou infarto do miocárdio (miocárdio é o músculo do coração).

Quando a arteriosclerose atinge as artérias do cérebro, a consequência pode ser um derrame: a artéria fica entupida ou se rompe, provocando paralisia em um dos lados do corpo, dificuldade na fala, na visão, na audição ou levando até mesmo à morte. Como se pode ver, é extremamente importante manter as artérias "limpas".

Entre os fatores que aumentam as chances desse tipo de doenças (que por atingirem o coração e os vasos sanguíneos recebem o nome de doenças cardiovasculares) estão o fumo, a pressão arterial alta, a herança genética, a vida sedentária (com pouca atividade física), o estresse, a obesidade e uma dieta rica em gordura, principalmente a chamada gordura saturada (veja explicação a seguir) e o colesterol.

É preciso ficar claro, porém, que o colesterol não é nenhuma substância tóxica, nenhum veneno. Ele, inclusive, é fabricado por nosso corpo. É encontrado também nos alimentos de origem animal e tem funções importantes no organismo, ajudando a formar as membranas das células e os hormônios sexuais, por exemplo.

O problema começa quando um exame de sangue revela que o nível de colesterol está aumentado: o ideal é que a taxa de colesterol no sangue não passe de 200 miligramas por decilitro (mg/dl), porque quanto maior for essa taxa, maior o risco de arteriosclerose e de doenças cardíacas.

Cuidado: o depósito de gordura nas artérias pode ser fatal. Controle seu colesterol e sua pressão; evite o fumo e pratique exercícios.

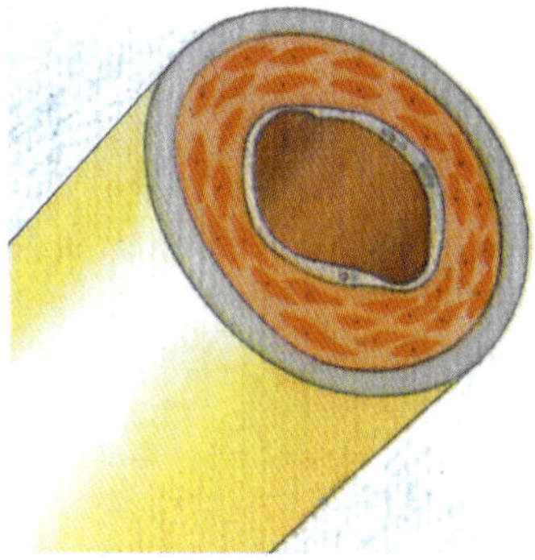

Artéria normal:
o sangue flui facilmente.

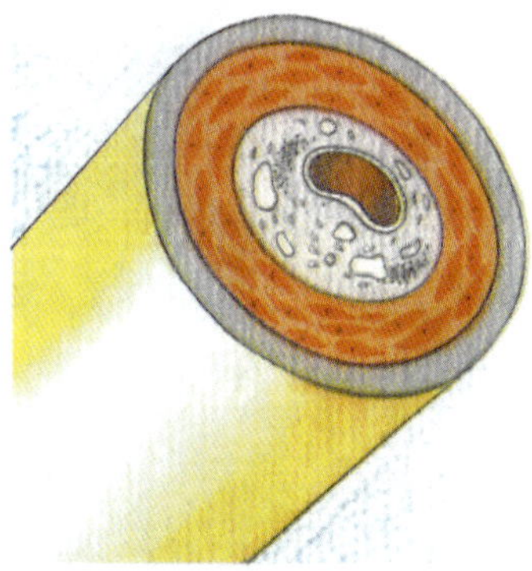

Na artéria com depósito
de gordura e cálcio,
o sangue passa com dificuldade.

Mexa-se!

Veja quantos benefícios a atividade física traz para a saúde:

- melhora a circulação do corpo;
- ajuda a diminuir a taxa de colesterol do sangue;
- melhora a disposição física e mental, ajudando a diminuir as tensões nervosas;
- fortalece os ossos, ajudando a prevenir a osteoporose (perda de massa óssea que acontece com pessoas de mais idade);
- ajuda a manter o peso e a combater a obesidade.

Por isso, é importante praticar esportes ou outra atividade física com regularidade e com a orientação de profissionais especializados.

Como você acaba de ver, a atividade física não desenvolve apenas os músculos – ela traz muitos outros benefícios ao corpo. Infelizmente, alguns jovens tentam desenvolver seus músculos usando os chamados esteroides anabolizantes, que são hormônios masculinos sintéticos. Só que o uso indevido desses produtos pode interromper o crescimento do adolescente, causar câncer no fígado, depressão, atrofia dos testículos e esterilidade, doenças renais e infartos, entre outros problemas.

Hughes Martin/Stock Photos

A prática de exercícios faz parte de uma vida mais saudável, sobretudo nos grandes centros urbanos, onde os hábitos são mais sedentários.

Há dois tipos de gorduras: as saturadas e as insaturadas. As gorduras saturadas são encontradas em alimentos de origem animal, como a carne vermelha e os laticínios, e em alguns alimentos de origem vegetal, como o coco, chocolate e azeite-de-dendê. As gorduras insaturadas são encontradas nos óleos vegetais (óleos de milho, girassol ou canola), azeite de oliva e em alguns peixes (como o atum e o salmão).

O excesso de gordura na alimentação aumenta o risco de obesidade. Além disso, uma parte da gordura – principalmente a gordura saturada – é transformada em colesterol e depositada nas artérias, o que facilita a ocorrência de doenças cardiovasculares.

Na adolescência, há um maior consumo de gordura e calorias, que são usadas durante o período de crescimento. Mas, se o jovem continuar a comer a mesma quantidade de alimento depois desse período, tem grande probabilidade de ficar obeso. E o adolescente também não deve exagerar e comer hambúrguer, batatas fritas e refrigerante quase todos os dias, pois essa é uma combinação com muita caloria e gordura. O tradicional arroz com feijão, carne e salada possui muito mais nutrientes com menos calorias e gordura.

Quem tem problema de colesterol precisa ir ao médico para saber até que ponto deve cortar alimentos gordurosos, evitando carne com muita gordura infiltrada, ovos (gema), leite e derivados (o leite comum pode ser substituído pelo desnatado).

Para ajudar a controlar o colesterol, é melhor consumir carnes brancas (peixe ou frango sem a pele). Em alguns casos, é necessário o uso de medicamentos.

As frituras devem ser diminuídas e, quanto aos laticínios, a preferência deve recair sobre aqueles com baixo teor de gordura (queijos brancos, como ricota ou do tipo "minas", em vez de queijos amarelos, mais gordurosos). As gemas de ovos devem ser limitadas a duas por semana.

Para as pessoas com problema de colesterol, a manteiga pode ser substituída pela margarina, feita com óleo vegetal. O problema é que, em muitas margarinas, esses óleos são hidrogenados (recebem hidrogênio) para se tornarem sólidos à temperatura ambiente. Nesse caso, porém, são produzidas gorduras que também não são boas para o coração. Em algumas margarinas de consistência mais cremosa as propriedades dos óleos vegetais são preservadas e o estado sólido é obtido com o uso de aditivos.

Muitos de nossos hábitos são estabelecidos na infância e na juventude: por isso, quanto mais cedo educarmos nossos hábitos alimentares, melhor.

Obesidade

Se uma pessoa come mais do que precisa, o excesso é armazenado na forma de gordura. Em outras palavras: quando o número de calorias que entra no corpo de uma pessoa for maior do que o de calorias que sai, ela engorda.

Na raiz desse desequilíbrio podem estar fatores hereditários, pouca atividade física, problemas glandulares, fatores emocionais ou, simplesmente, hábitos alimentares errados, adquiridos na infância.

Existem vários métodos para verificar se o peso está acima do normal. Para adultos, pode-se dividir o peso (em quilogramas) pela altura (em metros) elevada ao quadrado. O índice obtido é chamado *índice de massa corpórea*. Um índice de 25 a menos de 30 indica que a pessoa está com excesso de peso (sobrepeso). Um índice equivalente ou superior a 30 indica obesidade e um índice equivalente ou superior a 40 indica obesidade mórbida, com risco grave para a saúde.

Mas esses valores são relativos: um atleta pode ter valores mais altos sem ser obeso, já que músculos pesam mais do que gordura. E para adolescentes, é preciso que a avaliação seja feita pelo médico, com base em curvas de crescimento.

Quanto mais obesa for uma pessoa, maior o risco de ela sofrer ataques cardíacos ou de ter pressão alta. Maior o risco também de desenvolver diabete, cálculos biliares, arteriosclerose, problemas nos rins, na coluna, nas articulações e até certos tipos de câncer. As estatísticas são claras: os obesos vivem menos.

Dietas sem orientação médica... Cuidado!

Se a pessoa é obesa, ela deve procurar um médico. Quase sempre a receita será uma dieta para diminuir a quantidade de calorias ingeridas e, principalmente, uma reeducação alimentar, que consiste em manter, para toda a vida, uma alimentação mais equilibrada, abandonando os hábitos que levam à obesidade.

Medicamentos para reduzir ou controlar o apetite podem trazer riscos à saúde e somente devem ser tomados sob orientação médica. O mesmo vale para alguns produtos anunciados nos meios de comunicação: geralmente eles contêm laxantes ou diuréticos que fazem apenas a pessoa perder muita água, em vez de gordura, com risco de perda de sais minerais, doenças por carência de nutrientes e desidratação.

Anorexia nervosa e bulimia

A anorexia nervosa é uma doença em que a pessoa, mesmo sendo magra ou tendo peso normal, passa a se considerar muito gorda e começa a comer cada vez menos, a ponto de pôr em risco a saúde e precisar ser internada em hospital. Isso acontece porque a perda de água, sais minerais e massa muscular causa problemas sérios ao coração e a vários órgãos do corpo, além de facilitar o surgimento de infecções.

Na bulimia, a pessoa ingere, no mínimo duas vezes por semana, grande quantidade de alimento, mas logo depois provoca o vômito ou usa laxantes (medicamentos para forçar a evacuação). As consequências são parecidas com as da anorexia.

Não se sabe ao certo a causa desses problemas. O que se observa é que eles ocorrem com maior frequência entre as mulheres. O mais importante é que a pessoa receba logo assistência médica e psicológica.

Esses riscos estão presentes também nos chamados "regimes de fome", em que as pessoas fazem jejuns prolongados. O jejum não "purifica" ou "limpa" o corpo de toxinas: pelo contrário, em jejuns prolongados são produzidos compostos tóxicos originados da queima de gorduras no corpo. E ficar sem comer não faz o estômago "encolher", como muitos pensam.

Igual cuidado deve ser tomado com os regimes em que se cortam completamente os carboidratos da alimentação ou quando se come um só tipo de alimento (só frutas, só gorduras etc.). Também não adianta substituir apenas o açúcar comum por adoçantes artificiais (sacarina, aspartame etc.) ou produtos *diet*. Sem uma boa dieta, nada disso funciona.

J. Villegier/Sigla

O café da manhã, como as demais refeições, varia conforme a cultura de cada país ou região geográfica. Na foto, um típico desjejum inglês.

O tratamento científico

O princípio das dietas científicas é simples: o total de calorias que entra deve ser menor do que o total de calorias gastas. Para isso, é necessário cortar ou reduzir drasticamente os alimentos ricos em gordura ou açúcar: frituras, queijos gordos, manteiga, maionese, carnes gordas, hambúrgueres, bolos, refrigerantes, doces etc.

As quantidades de alimentos de baixa caloria — principalmente verduras e legumes — podem ser mantidas ou até aumentadas. Os alimentos ricos em carboidratos (massas, pão, cereais, banana, batata, aipim etc.) passam a fazer parte da refeição em quantidade controlada, que o médico vai indicar de acordo com o peso que a pessoa deve perder.

É importante manter uma alimentação variada, comendo um pouco dos principais grupos de alimentos: carne ou peixe, leite (ou derivados), cereais (ou derivados), frutas e verduras. Desse modo fica garantida a ingestão de todos os nutrientes.

Não se deve "pular" refeições para perder peso. Após muito tempo sem comer, o apetite é dobrado e a pessoa acaba exagerando na refeição seguinte. O ideal é fazer quatro ou mais pequenas refeições diárias, em horários regulares.

Após uma noite em jejum, o corpo precisa mais do que nunca de nutrientes para voltar à atividade. Isso mostra a importância do café da manhã, que também não deve ser "pulado". Sem comida, as gorduras começam a ser oxidadas, produzindo substâncias responsáveis por dor de cabeça e mal-estar.

Comer devagar é outro procedimento a ser sempre lembrado: quando o estômago se enche de comida, ele manda uma mensagem para o cérebro e a pessoa se sente saciada. Esse processo, porém, demora alguns minutos. Assim, quem come depressa vai estar com o estômago já muito cheio quando a mensagem atingir o cérebro. Como se vê, o melhor mesmo é comer devagar.

O mais importante, porém, é ter em mente que nenhuma dieta funciona sem uma reeducação alimentar, isto é, sem uma mudança definitiva nos hábitos alimentares.

Caso contrário, a pessoa volta a engordar depois da dieta. Esse "efeito sanfona" aumenta muito as chances de problemas cardíacos — mais até do que a própria obesidade.

Para crianças que estão acima do peso pode ser apenas necessário que elas se acostumem a comer menos alimentos ricos em calorias e a exercitar-se mais.

4

Proteínas

Tirando a água, a maior parte do corpo é feita de proteína: ela é o "tijolo" de construção da célula e do corpo. É por isso que os alimentos ricos em proteínas são chamados de **alimentos plásticos** ou **construtores**.

Mas as proteínas têm muitas outras funções. Quando andamos, por exemplo, certas proteínas se contraem, movimentando os músculos do corpo. Enquanto isso, os glóbulos vermelhos do sangue não param de levar oxigênio às células. E eles fazem isso com o auxílio de uma proteína: a hemoglobina.

As proteínas formam ainda as enzimas (que controlam as transformações químicas necessárias para manter o corpo funcionando), os anticorpos (que nos protegem de infecções) e muitos hormônios (que controlam diversas funções).

A digestão parte o alimento em partículas menores, que serão absorvidas pelo intestino e levadas até as células. A proteína, por exemplo, é "desmontada" em aminoácidos, por enzimas do estômago, pâncreas e intestino.

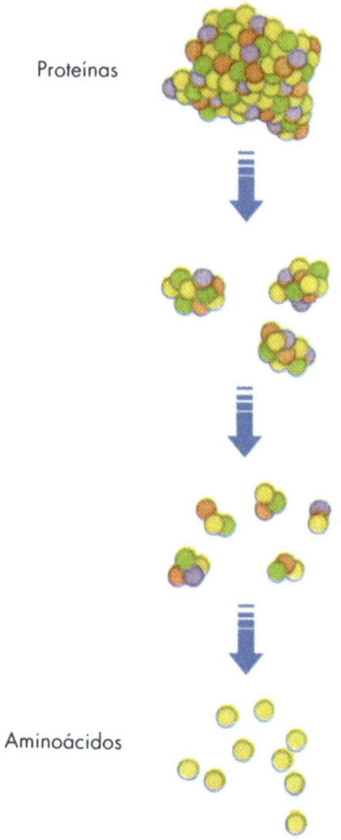

As proteínas são formadas pela união de muitas partes ou moléculas menores, os aminoácidos. Uma única molécula de proteína pode conter centenas e até milhares de aminoácidos, formando "fios" longos e enrolados.

Existem vinte tipos diferentes de aminoácidos. Mas eles podem ser arrumados de muitas maneiras diferentes, formando todas as proteínas do corpo.

Na realidade, o que o corpo aproveita dos alimentos são os aminoácidos e não as proteínas. Lembre-se de que no tubo digestivo as proteínas acabam virando aminoácidos. A partir disso, eles são absorvidos pelo sangue e levados até as células do corpo, onde serão reunidos em novas moléculas de proteínas, que podem ser muito diferentes das proteínas ingeridas.

Desses vinte aminoácidos, nove precisam estar presentes na alimentação. A partir desses nove aminoácidos, chamados essenciais, nosso fígado pode fabricar os outros onze aminoácidos.

Com 20 aminoácidos diferentes, podem ser contruídas todas as proteínas do corpo.

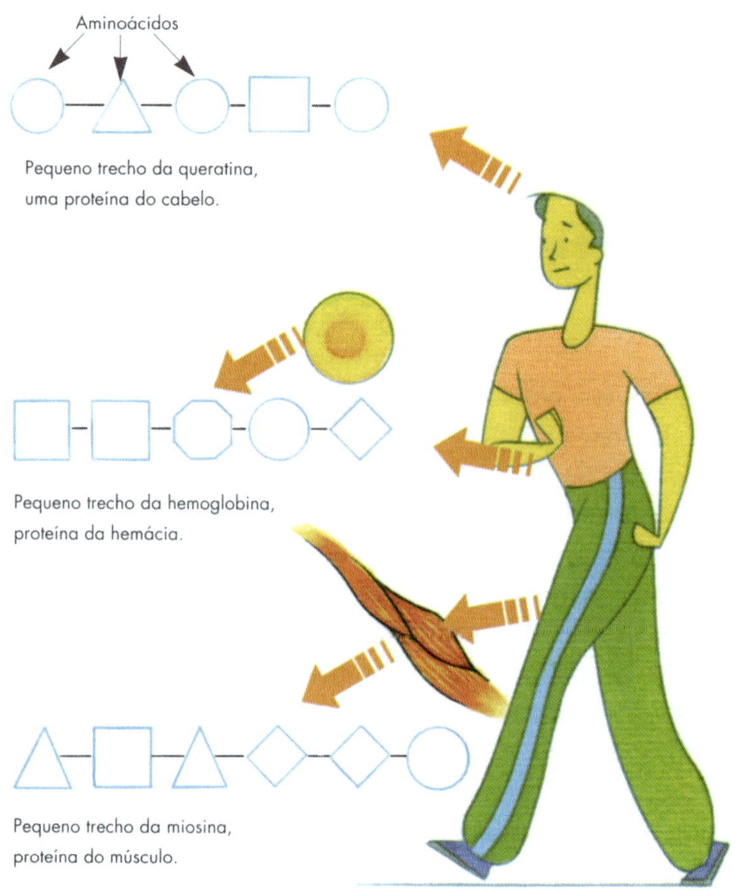

J. Villegier/Sigla

Eric Bach/Keystone

Eric Bach/Keystone

Select/Keystone

Os alimentos de origem animal são ricos em proteínas completas. Mas uma mistura de cereal (arroz) com leguminosa (feijão) — e um pouco de proteína de origem animal, também fornece proteína completa.

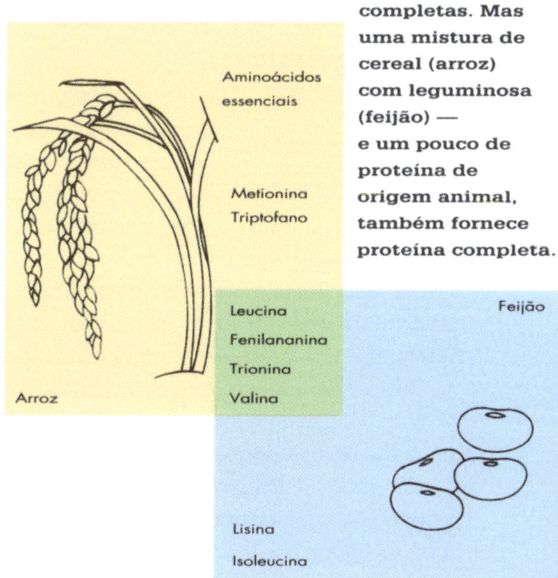

Feijão com arroz

O organismo não armazena uma quantidade grande de aminoácidos; por isso, temos de comer proteína com alguma frequência. As proteínas que podem fornecer todos os aminoácidos essenciais em boa quantidade são chamadas completas, enquanto aquelas que não possuem todos esses aminoácidos recebem o nome de incompletas.

Os alimentos de origem animal são uma boa fonte de proteínas completas: ovos, carnes em geral (carne de vaca, frango, porco, peixe, camarão e também miúdos, como fígado, rins, coração), bem como o leite e seus derivados (queijo, iogurte etc.).

Já os alimentos de origem vegetal não são tão ricos em proteínas. E estas são, em geral, do tipo incompletas.

Apesar disso, uma mistura adequada de alimentos vegetais pode suprir boa parte das necessidades de proteínas do corpo. Isso ocorre porque alguns vegetais são pobres em certos aminoácidos essenciais e mais ricos em outros.

Por exemplo: enquanto as leguminosas (feijão, soja, ervilha, lentilha e grão-de-bico) são ricas no aminoácido lisina e pobres em metionina, os cereais são ricos em metionina e pobres em lisina.

Portanto, se ingerirmos leguminosas (feijão, por exemplo) com cereais (arroz, por exemplo), haverá uma complementação de aminoácidos.

Como a concentração de proteínas nos vegetais não é muito grande, o ideal é acrescentar a essa mistura um pouco de proteína animal (um ovo, ou um pedaço de carne, por exemplo). Essa é a maneira mais barata de conseguir proteínas na alimentação, já que alimentos de origem animal costumam ser bem mais caros do que alimentos de origem vegetal.

A necessidade de proteína depende muito do peso e da idade: um adulto precisa, em média, de 0,8 g de proteína por quilograma de peso. Já uma criança em fase de crescimento pode precisar de até 2 g de proteína por quilograma de peso.

Os alimentos transgênicos

Muitas plantas e animais usados na alimentação humana foram criados artificialmente. Plantas que produziam mais grãos, por exemplo, foram cruzadas entre si por muitas gerações, originando variedades mais produtivas.

Atualmente, conseguimos transplantar genes de uma espécie para outra, criando os chamados organismos geneticamente modificados, mais conhecidos como transgênicos. Desse modo, foram criadas bactérias que fabricam insulina humana, usada para o tratamento de pessoas diabéticas, e também novas variedades de plantas usadas na alimentação, as plantas transgênicas.

Os tipos de plantas transgênicas

Há vários tipos de plantas transgênicas. Muitas ainda estão em fase de pesquisa. Algumas são mais produtivas ou nutritivas; outras resistem melhor à seca; e há ainda as que necessitam de menos agrotóxicos.

Uma variedade de soja transgênica, por exemplo, possui um gene, retirado de uma bactéria, que confere à planta resistência a um determinado herbicida (produto usado para destruir ervas daninhas), o glifosato. Esse herbicida mata as ervas daninhas sem afetar a soja.

Outro exemplo: um tipo de milho transgênico produz em suas células uma toxina, inofensiva para o ser humano, que mata os insetos quando começam a devorar a planta.

No Brasil, a Empresa Brasileira de Pesquisas Agropecuárias (Embrapa) produz soja resistente a herbicida; mamão, batata e feijão imunes a certos vírus; cacau resistente à praga da vassoura-de-bruxa (um fungo). Essas plantas, porém, ainda não são cultivadas comercialmente.

Os prós e os contras

Apesar dos benefícios, os transgênicos trazem também alguns riscos e uma grande polêmica entre cientistas e na sociedade em geral e ainda há vários estudos com resultados contraditórios.

Para os críticos dos transgênicos, não há provas suficientes de que esses produtos não causem danos à saúde ou desequilíbrios no ambiente — pelo menos a longo prazo.

Em relação à saúde, os defensores dos transgênicos argumentam que os estudos e o consumo dessas plantas não indicam nenhum problema. A maioria das proteínas e dos genes é destruída no cozimento ou pela digestão e uma pequena parte é eliminada pelas fezes. Sabe-se, porém, que uma pequena quantidade de DNA e de proteína podem ser absorvidos e cair no sangue. Mas os cientistas acham que essas moléculas são destruídas pelo sistema de defesa do organismo. Além disso, nos alimentos não transgênicos também há proteínas e genes — presentes nas células de plantas, de animais e nos vírus que parasitam essas células. E também não há evidências de que isso cause problemas ao organismo.

Não se pode esquecer também que, pelo menos no uso de alguns transgênicos, há uma redução na quantidade de agrotóxicos, o que é benéfico para a saúde humana.

Sabe-se, porém, que algumas pessoas são alérgicas a certos alimentos e pode haver também pessoas alérgicas aos transgênicos. Por isso, eles têm de ser testados antes de serem liberados no mercado. Mas, para os defensores dos transgênicos, esse risco não é maior do que o dos alimentos convencionais.

Outro problema é que muitos transgênicos recebem um gene que dá resistência a certos antibióticos. Esse gene é uma espécie de marcador, que indica se a planta realmente foi modificada. O perigo é que o gene que dá resistência a antibióticos pode ser transferido para bactérias do intestino, tornando-as resistentes ao medicamento.

Como vimos, no entanto, a maioria dos genes é destruída pelo cozimento e digestão. Além disso, os cientistas consideram que a transferência de genes das células da planta para a bactéria é muito difícil de acontecer. O risco é muito menor que o de uma transferência natural de uma bactéria para outra. Os defensores dos transgênicos argumentam também que, em geral, são usados antibióticos menos importantes no combate a bactérias.

Mesmo assim, algum risco existe e pesquisas têm sido feitas para substituir essa técnica de marcação.

Em relação ao ambiente, os grãos de pólen das plantas transgênicas podem ser levados por vento ou insetos e fecundar plantas convencionais. Esse risco existe, mas ele vai depender da compatibilidade entre o pólen e as plantas e da região em que a planta é cultivada. Por isso, é preciso fazer estudos ambientais analisando caso a caso. Em relação à soja, o risco é menor porque ela realiza autopolinização. Já para o milho, que faz polinização cruzada, o risco é maior. Para diminuir esse risco, plantas transgênicas devem guardar uma distância mínima das culturas convencionais.

Outro problema é a possível morte de animais que atacam as pragas quando ingerem insetos que comeram plantas transgênicas contendo agrotóxico em suas células. Mas o agrotóxico das culturas convencionais também pode matar esses insetos. Além disso, a diminuição do uso de agrotóxicos que alguns transgênicos proporcionam poderia ajudar na preservação das espécies selvagens.

É possível também que o uso de certos transgênicos provoque uma seleção de insetos resistentes ao agrotóxico presente na planta. Mas essa resistência também pode aparecer nas plantações que recebem agrotóxicos. O risco pode ser diminuído usando-se plantas não transgênicas como um refúgio para os insetos não resistentes.

Os defensores dos transgênicos afirmam que a população mundial vem crescendo e para produzir mais alimento, vamos destruir cada vez mais o solo e os ambientes naturais. Transgênicos mais produtivos poderiam reduzir essa destruição.

Os críticos afirmam que a preferência pelo cultivo de um único tipo de transgênico pode reduzir a diversidade de plantas cultivadas na região. Isso seria perigoso, porque quanto maior a diversidade genética na agricultura, maior a resistência a pragas e mudanças climáticas. Por isso, é importante preservar as plantas nativas de uma região, que podem servir, inclusive, para a obtenção de novas variedades de plantas.

Outro problema é que o fornecimento de sementes poderia ficar sob controle de grandes empresas do setor agrícola, aumentando a dependência dos países menos desenvolvidos. No caso do Brasil, porém, a Embrapa já possui tecnologia para produzir alguns transgênicos, o que diminuiria essa dependência.

Finalmente, pode ser mais lucrativo para o Brasil se firmar como exportador de plantas não transgênicas para os países que valorizam os alimentos convencionais, como acontece em vários países da Europa. Por outro lado, se um país abandonar a pesquisa com os transgênicos, a agricultura pode perder produtividade e competitividade.

Essa falta de consenso explica por que enquanto alguns países, como Estados Unidos, Canadá e Argentina, cultivam e consomem transgênicos, outros colocam restrições a esses produtos. No Brasil, a comercialização de transgênicos está, pelo menos por enquanto, proibida.

Como se vê, essa polêmica ainda não está resolvida. Mas, até mesmo os defensores dos transgênicos concordam que cada novo produto tem de passar por testes para verificar os efeitos na saúde e o impacto sobre o meio ambiente.

Marcos Peron/Folha Imagem

Ativistas do Greenpeace (organização de âmbito mundial em defesa do meio ambiente) borrifam tinta vermelha em plantação de milho transgênico da empresa Monsanto, em Santa Cruz das Palmeiras (SP).

Albari Rosa/Gazeta do Povo/Folha Imagem

Exportação de soja transgênica no Porto de Paranaguá (PR). Navios Petalis Limassol e Apostolonovo Valletta recebem a carga, em novembro de 2003.

5

Vitaminas e minerais

Vitamina	Doses Diárias Recomendadas
A (Retinol)	5000 UI (Unidades Internacionais)
D	400 UI
E	30 UI
K	65 µg
B_1 (Tiamina)	1,5 mg
B_2 (Riboflavina)	1,7 mg
Niacina	20 mg
B_6 (Piridoxina)	2 mg
B_{12}	6 µg
C	60 mg

As necessidades diárias de vitaminas para adultos e crianças acima de 4 anos. Crianças com menos de 4 anos precisam de cerca da metade da dose, exceto para vitamina D (mesma dose) e E (um terço). Mas essas doses podem vir a ser alteradas no futuro, em função de novas descobertas acerca do papel das vitaminas.

Embora os nutrientes vistos até agora sejam muito importantes para manter a saúde, as vitaminas estão, sem dúvida, na crista da onda. Para muitos, elas são capazes de realizar milagres, protegendo o corpo contra as doenças do envelhecimento e mesmo contra certos tipos de câncer. Vamos agora discutir até que ponto isso tem fundamento.

As vitaminas agem junto com as enzimas, promovendo as transformações químicas em nosso organismo. Sem elas, muitos órgãos não poderiam funcionar direito: sem a vitamina A, por exemplo, a visão fica prejudicada e, sem a vitamina D, o cálcio não se deposita no osso.

A vitamina C e as vitaminas do complexo B dissolvem-se bem na água: são chamadas de hidrossolúveis. Com exceção da vitamina B_{12}, o corpo armazena muito pouco dessas vitaminas, jogando fora o excesso pela urina. Por isso, elas precisam ser obtidas na alimentação com regularidade (não necessariamente todos os dias).

As vitaminas hidrossolúveis costumam ser encontradas nos vegetais (exceto a vitamina B_{12}, presente apenas nos alimentos animais).

As vitaminas A, D, E e K dissolvem-se bem em gordura: são chamadas de vitaminas lipossolúveis. Elas são encontradas associadas às gorduras no leite, no queijo e nos ovos (gema), além da carne de fígado. Essas vitaminas podem ser armazenadas no fígado e um adulto bem alimentado pode ter uma reserva de vitamina D, por exemplo, suficiente para muitos meses ou até anos.

Justamente por isso, o consumo exagerado de algumas dessas vitaminas lipossolúveis pode causar problemas. A ingestão exagerada de vitaminas hidrossolúveis também pode ser perigosa, mas o risco é menor.

Como não há um único alimento que, sozinho, tenha todas as vitaminas em quantidade adequada para as nossas necessidades, é preciso ter uma alimentação variada. Além disso, uma parte de certas vitaminas se perde nos processos de industrialização. Outra parte pode ir embora na água do cozimento. Daí a importância de comer frutas e verduras frescas.

As vitaminas foram inicialmente identificadas por letras do alfabeto. À medida que suas fórmulas químicas foram sendo descobertas, elas receberam nomes que indicam sua natureza química. Mas em muitos casos ainda se usa o nome original.

Vitamina A ou retinol

A vitamina A age na visão e mantém saudáveis a pele e as membranas que forram os órgãos internos. Por isso, se ela falta, a pessoa pode ter dificuldade de enxergar em ambientes pouco iluminados: é a cegueira noturna. Além disso, a pele fica áspera e os olhos, ressecados: é a xeroftalmia (do grego, *xero* = seco, *oftalmo* = olhos).

Nesse caso, é preciso muito cuidado: podem aparecer infecções na pele e, mais grave ainda, lesões nos olhos, com risco de cegueira permanente.

Estudos mais recentes e que, por isso, precisam ainda de maior comprovação, indicam que a falta de vitamina A pode aumentar em 20% o risco de câncer na mama. Contudo, altas doses dessa vitamina não parecem dar maior proteção contra o câncer.

Além do mais, altas doses de vitamina A por tempo prolongado podem provocar perda de apetite, ressecamento da pele, problema nos olhos, queda de cabelos, aumento da pressão no crânio, danos ao fígado e, em mulheres grávidas, danos ao feto. Por isso, somente o médico pode decidir se uma pessoa deve ou não tomar essa vitamina em comprimidos.

A vitamina A é encontrada na gema de ovo, em laticínios, na margarina, na carne de fígado e rins. O nosso corpo também pode fabricar vitamina A a partir do betacaroteno, encontrado em verduras com folhas verde-escuras e vegetais amarelos ou alaranjados, como a cenoura (*carrot*, em inglês, é cenoura, vindo daí o nome betacaroteno), abóbora, batata-doce, brócolis, espinafre, couve, folha de mostarda ou de beterraba, agrião, caqui, pêssego, mamão, manga, melancia, melão e, ainda, no azeite-de-dendê.

Esses alimentos contêm vitamina A pronta.

Ao contrário da vitamina A, o excesso de betacaroteno não parece ser tóxico (embora o consumo excessivo possa deixar amarelas as palmas das mãos e as solas dos pés).

O betacaroteno possui também alguns efeitos próprios:

O betacaroteno presente nesses alimentos pode ser convertido em vitamina A no corpo.

juntamente com a vitamina C e a vitamina E, ele é um antioxidante. Os antioxidantes protegem a célula contra algumas reações químicas que ocorrem naturalmente em nosso corpo. O oxigênio, por exemplo, é usado para retirar energia do alimento, num processo denominado de oxidação. Nesse processo formam-se os chamados radicais livres, compostos tóxicos que podem oxidar e destruir partes da célula.

Esses radicais livres formam-se pela ação da poluição química, do fumo, da radioatividade resultante da excessiva exposição ao sol, ou mesmo pelo processo natural do envelhecimento. Os antioxidantes combinam-se com os radicais livres, neutralizando seus efeitos.

Alguns cientistas acham que os radicais livres aumentam o risco de doenças do coração, derrames cerebrais, catarata e câncer. Eles consideram também que o betacaroteno e as vitaminas C e E poderiam prevenir ou retardar o aparecimento dessas doenças, até certo ponto.

Segundo esses cientistas, seria vantajoso complementar a alimentação com comprimidos concentrados dessas vitaminas. Mas outros cientistas discordam dessas ideias, afirmando que são necessários maiores estudos para comprovar esses efeitos e também para afastar os riscos de efeitos tóxicos a longo prazo, resultantes de doses altas de qualquer vitamina. Assim, ainda é cedo para alguma conclusão definitiva.

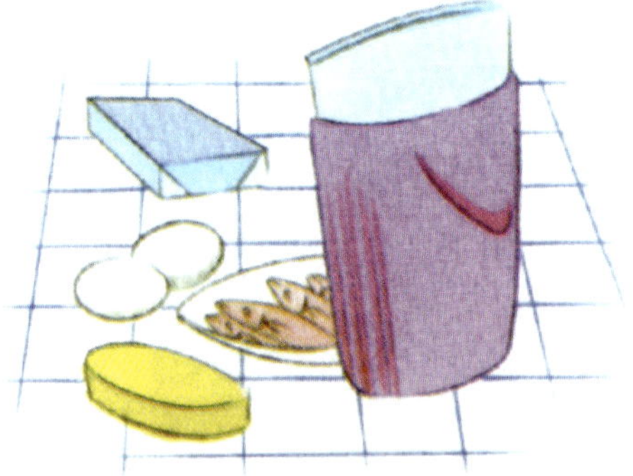

Alimentos ricos em vitamina D.

Vitamina D

A vitamina D facilita a absorção e o depósito de cálcio e de fósforo nos ossos. Por isso, a falta dessa vitamina pode provocar o raquitismo nas crianças (os ossos ficam deformados) e ossos fracos no adulto.

Ela é encontrada em alimentos gordurosos — gema de ovo, manteiga, leite, óleo de fígado e peixes gordurosos (sardinha, atum etc.) — e pode ser fabricada na pele, pela ação dos raios do sol.

Esse é o motivo por que as crianças em fase de crescimento devem tomar sol regularmente (começando com 5 minutos de exposição e aumentando para 10, 15 minutos, até meia hora, o que já é suficiente). Mas não se deve tomar sol de 10 às 16 horas, pois há maior risco de câncer de pele.

Alguns estudos sugerem que a falta de vitamina D poderia aumentar a probabilidade de câncer no seio, no intestino e na próstata, em pessoas com tendência para essas doenças. Outros estudos indicam que a vitamina D poderia retardar a osteoporose, uma descalcificação dos ossos, comum em pessoas idosas.

Mais uma vez, é preciso pesquisar melhor para se chegar a uma conclusão definitiva. E, depois, altas doses de vitamina D podem ser tóxicas, provocando enjoo, perda de apetite, lesões nos rins, aumento da pressão arterial, além de problemas musculares e cardíacos.

Vitamina E

A vitamina E é encontrada com facilidade em muitos alimentos e é muito difícil alguém ter falta dessa vitamina. As melhores fontes são: óleos vegetais, manteiga, queijo, gema de ovo, brócolis, couve, espinafre, grãos integrais e o germe do trigo.

Alimentos ricos em vitamina E.

Por ser antioxidante, a vitamina E parece ter um efeito protetor na célula. Estudos recentes indicam que doses altas dessa vitamina (seis vezes mais do que o indicado) poderiam diminuir em cerca de 40% os riscos de um ataque cardíaco (a redução também foi conseguida com suplemento de betacaroteno). Mas outros estudos não chegaram a esse resultado. De novo, é necessário maior comprovação científica.

O consumo excessivo pode provocar dor de cabeça, diarreia, enjoo, fadiga e fraqueza muscular, entre outros problemas.

Vitamina K

Além de ser encontrada em muitos alimentos (folhas verdes, batata, gema de ovo, óleo de soja, tomate, fígado, leite etc.), ela é fabricada por bactérias que vivem no intestino.

Como essa vitamina auxilia na coagulação do sangue, sua falta — muito rara — poderia dificultar o estancamento de hemorragias.

É provável que a vitamina K ajude na prevenção da osteoporose, mas altas doses podem provocar anemia e problemas no sistema nervoso.

Alimentos ricos em vitamina K.

Complexo B

As vitaminas do complexo B (B_1, B_2, B_6, B_{12}, niacina, ácido fólico, biotina e ácido pantotênico) atuam em muitas

Alimentos ricos em tiamina.

reações químicas do corpo, principalmente ajudando a célula a oxidar carboidratos para obter energia.

As células nervosas, que precisam de muita energia, sofrem logo a falta de vitamina B_1 ou tiamina. O resultado é a inflamação dos nervos, paralisia e atrofia dos músculos. A doença é chamada beribéri (palavra que, em senegalês, quer dizer fraqueza).

O feijão, a soja, a ervilha, os miúdos, a carne, a gema de ovo, o pinhão, os grãos integrais ou os cereais enriquecidos são fontes de tiamina. O arroz branco ou polido é pobre nessa vitamina, porque quando se retira a película que envolve o grão perde-se boa parte das vitaminas do complexo B (e também das fibras).

Alimentos ricos em vitamina B_2 e B_6.

Alimentos ricos em niacina.

A falta de vitamina B_2 (riboflavina) e B_6 (piridoxina) também provoca lesões no sistema nervoso e prejudica a pele (aparecem rachaduras no canto da boca). São fontes de vitamina B_2 e B_6: carne, fígado, miúdos, hortaliças com folhas (couve, agrião, espinafre), ovos, leite e cereais integrais ou enriquecidos.

A falta de niacina provoca a pelagra, com diarreia, fraqueza, lesões na pele e no sistema nervoso, causando desordens mentais (depressão, delírios etc.). Essa vitamina está presente principalmente nos seguintes alimentos: fígado, carnes, frango, rins, peixe, feijão, amendoim, pinhão, couve, café e cereais integrais ou enriquecidos.

A vitamina B_{12} e o ácido fólico ajudam na fabricação do material genético da célula e na síntese de aminoácidos. Por isso, essas vitaminas são muito importantes para a renovação das células do corpo e sua falta pode diminuir o número de hemácias do sangue (anemia).

Alimentos ricos em vitamina B_{12}.

A vitamina B_{12} é praticamente exclusiva de alimentos animais (fígado, miolos, coração, rins, ovos, frutos do mar, peixe, queijo, carne). Portanto, as pessoas que seguem uma dieta vegetariana rigorosa — sem ovos ou laticínios — podem apresentar carência dessa vitamina.

O ácido fólico está presente em quase todos os alimentos, principalmente vegetais com folhas, fígado, ovos, frutas e feijões.

Segundo pesquisas recentes, doses altas de ácido fólico (cerca de 400 mg diárias) protegem o feto contra defeitos na coluna vertebral e no cérebro. Outros estudos indicam que essa vitamina poderia dar alguma proteção contra doenças cardíacas, problemas no sistema nervoso e lesões pré-cancerosas no útero. É importante lembrar, no entanto, que mulheres grávidas só devem tomar remédios, inclusive vitaminas, sob orientação médica.

A biotina e o ácido pantotênico estão bem distribuídos em alimentos de origem animal e vegetal, e as necessidades diárias são geralmente supridas por uma alimentação normal — é muito difícil ocorrer alguma carência dessas vitaminas.

Vitamina C (ácido ascórbico)

Além de ser um antioxidante, a vitamina C é essencial para a manutenção dos tecidos de sustentação do corpo. São os chamados tecidos conjuntivos — como a derme, os ossos e as cartilagens.

Na falta dessa vitamina, esses tecidos ficam fracos. Ocorrem então sangramentos em diversas partes do corpo, que podem ser vistos mais facilmente na pele e nas gengivas. As hemorragias provocam também inchaços e dores nas articulações.

Essa doença, chamada escorbuto, era comum entre os marinheiros que faziam longas viagens, durante as quais não se consumiam frutas cítricas e verduras, as fontes mais ricas de vitamina C.

Alimentos ricos em vitamina C.

Os campeões em vitamina C são a acerola, a goiaba, o caju e a cereja. Depois vêm vários vegetais, como pimentão, brócolis, couves (couve comum, couve-flor, couve-de-bruxelas) e muitas frutas (manga, laranja, morango, mamão, kiwi etc.).

O cozimento prolongado ou em muita água pode levar boa parte da vitamina C dos alimentos. Ela também se perde quando os vegetais são cortados ou machucados, ou quando ficam armazenados por muito tempo.

A dose diária recomendada de vitamina C (60 mg) é conseguida com apenas uma laranja ou um limão. Em cirurgias ou em certas doenças, porém, o médico pode indicar doses maiores. Fora disso, muitos cientistas consideram um desperdício tomar altas doses de vitamina C, já que o excesso é eliminado pela urina. Altas doses de vitamina C podem ainda irritar o estômago e causar diarreia.

Elie Bernager Explorer/Sigla

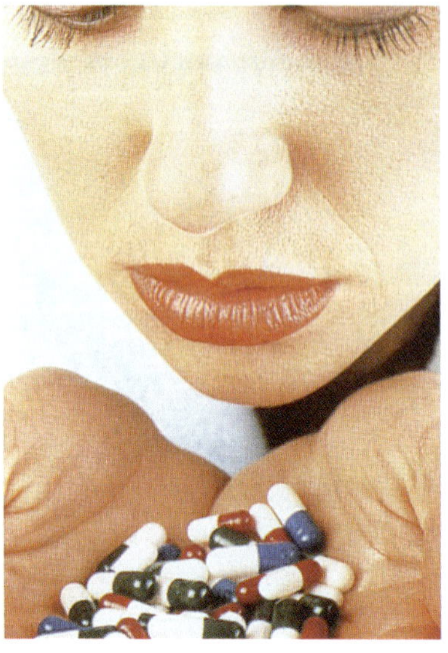

Suplementos de vitaminas devem ser considerados remédios e, portanto, tomados somente sob orientação médica.

Alguns cientistas acham que doses extras de vitamina C e outras vitaminas antioxidantes poderiam dar alguma proteção contra certas doenças. Mas como saber se isso de fato acontece?

Para responder a essa pergunta, os cientistas realizam um tipo de teste chamado teste controlado. Eles comparam um grupo grande de voluntários que tomou altas doses de vitaminas com outro grupo que se alimentou normalmente. Então, se no grupo que tomou a vitamina um número menor de pessoas tiver ficado doente, é provável que a vitamina tenha algum efeito.

A diferença entre os dois grupos tem de ser grande. Uma diferença pequena pode ser atribuída a uma coincidência.

No entanto, às vezes o simples fato de uma pessoa achar que está tomando uma vitamina pode fazê-la sentir-se melhor. É um efeito psicológico. Por isso, um grupo recebe de fato a vitamina, enquanto o outro recebe um preparado semelhante, mas feito com substâncias inócuas (farinha e água, por exemplo). Ninguém sabe se está tomando de fato a vitamina. Assim, o efeito psicológico é o mesmo nos dois grupos e não interfere no resultado. Além disso, as pessoas que fornecem a vitamina e que avaliam os voluntários também não sabem quem realmente tomou a vitamina.

Em relação à vitamina C, o número de pessoas que ficou gripado ou resfriado foi o mesmo nos dois grupos. Mas ainda são precisos mais estudos para se chegar a uma conclusão definitiva em relação a outras vitaminas e doenças. Além do mais, não está claro qual seria a dose ideal dos suplementos vitamínicos e quais as consequências a longo prazo dessas doses.

O que se sabe é que doses altas de certas vitaminas (principalmente as lipossolúveis) são perigosas. Por isso, até que saibamos se os benefícios superam os riscos, doses altas de vitaminas devem ser consideradas como medicação e, portanto, têm de ser tomadas sob orientação médica.

Prof.P. Matta/Stock Photos

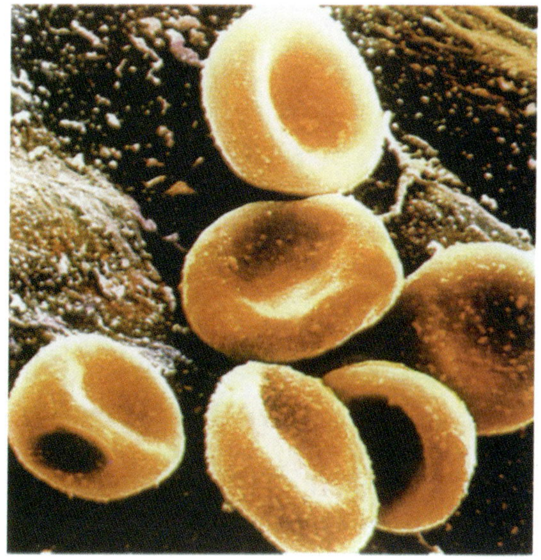

O ferro é indispensável para a formação de hemoglobina, proteína que leva o oxigênio para as células. A hemoglobina é transportada no sangue dentro das hemácias, vistas na foto acima (ampliadas ao microscópio cerca de 10 mil vezes).

Minerais

Como as vitaminas, alguns minerais são necessários em pequena quantidade e ajudam a regular as funções do corpo. Outros, como o cálcio e o fósforo, estão presentes em grandes quantidades, ajudando a construir os ossos e os dentes.

A falta de ferro pode causar anemia, que é a diminuição no número de hemácias ou na quantidade de hemoglobina, proteína com ferro que leva o oxigênio para as células. Na anemia, a pessoa sente cansaço, dor de cabeça, tonturas e falta de ar, entre outros sintomas.

A anemia é comum em crianças subnutridas, em dietas com pouco ferro, durante a gravidez ou em pessoas com vermes no intestino, ou úlceras e outras doenças que provocam perda constante de sangue nas fezes. Nesses casos, o médico pode indicar suplementos de ferro.

Relatório divulgado pelo Unicef (Fundo das Nações Unidas para a Infância), em 2004, indica que cerca de 45% das crianças brasileiras com menos de cinco anos de idade apresentam anemia causada por deficiência de ferro.

A falta de iodo leva ao mau funcionamento da tireoide, originando o bócio endêmico, que é o mau funcionamento e aumento da glândula tireoide. A falta de iodo na gestação ou na infância pode provocar deficiência mental e prejudica o crescimento físico da criança. Ela ocorre em regiões distantes do mar, com pouco iodo no solo. Para evitar esse problema, o iodo deve ser adicionado, por lei, ao sal de cozinha (mas é preciso que os agentes de saúde fiscalizem esse produto).

ATENÇÃO:

Suplementos minerais só devem ser tomados com recomendação médica, já que o excesso pode provocar problemas sérios ao organismo!

Daniel/C.H. Texto

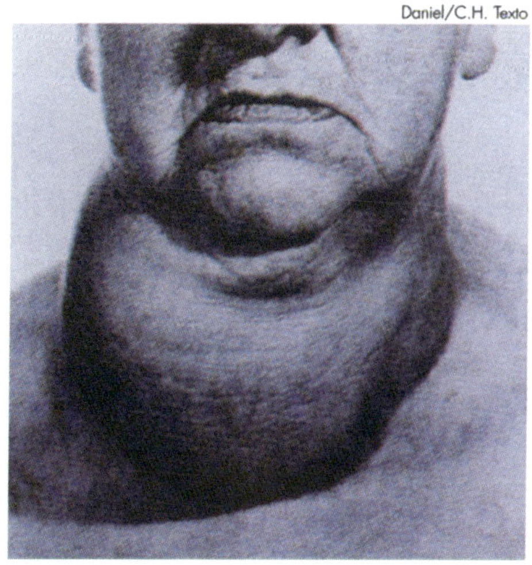

A falta de iodo leva ao mau funcionamento e ao aumento da tireoide — é o bócio endêmico.

A tabela ao lado mostra as funções de alguns minerais e suas principais fontes alimentares. Indica também as necessidades diárias de alguns sais para adultos e crianças acima de 4 anos. A quantidade para crianças com menos de 4 anos aparece dentro de parênteses. Os sais não indicados são bastante comuns na alimentação.

MINERAL	FUNÇÕES	PRINCIPAIS ALIMENTOS
Cálcio 1,0g (0,8g)	Forma ossos e dentes e ajuda no funcionamento dos músculos e nervos.	Laticínios, hortaliças de folhas verdes (brócolis, espinafre etc.).
Fósforo 1,0g (0,8g)	Forma ossos e dentes e ajuda na produção e armazenagem de energia.	Carnes, aves, peixes, ovos, laticínios, feijões, ervilhas.
Sódio	Ajuda a manter o equilíbrio dos líquidos no corpo e age no funcionamento dos nervos e músculos.	Sal adicionado no preparo dos alimentos e nos alimentos industrializados; sal natural dos alimentos.
Cloro	Age junto com o sódio e forma o ácido clorídrico do estômago.	Encontra-se combinado ao sódio no sal comum.
Potássio	Age com o sódio no equilíbrio de líquidos e no funcionamento dos nervos.	Frutas, verduras, feijão, leite, cereais.
Magnésio 400 mg (200 mg)	Atua em várias reações químicas junto com enzimas e vitaminas; ajuda na formação dos ossos e no funcionamento de nervos e músculos.	Hortaliças de folhas verdes, cereais, peixes, carnes, ovos, feijão, soja, banana.
Ferro 18 mg (10 mg)	Forma a hemoglobina, que ajuda a levar oxigênio; atua na produção de energia.	Fígado, carnes, gema de ovo, pinhão, legumes e hortaliças de folhas verdes.
Iodo 150 µg (70 µg)	Faz parte do hormônio da tireoide que controla a taxa de oxidação da célula e o crescimento.	Sal de cozinha iodado, peixes e frutos do mar.
Flúor	Fortalece ossos e dentes.	Água fluoretada, peixes, chás e em pequena quantidade em todos os alimentos.
Manganês	Ajuda a regular diversas reações químicas.	Cereais, hortaliças e frutas.
Cobre 2 mg (1 mg)	Ajuda na produção de hemoglobina, na formação do pigmento que dá cor à pele (melanina) e na produção de energia.	Bem distribuído nos alimentos, principalmente fígado, carnes e frutos do mar.

6

A alimentação equilibrada

Não há nenhum tipo de dieta capaz de evitar **todas** as doenças. Da mesma forma, nem todas as doenças provêm da alimentação. Muitas doenças são causadas por vírus ou bactérias e outras dependem de tendências hereditárias.

Uma alimentação equilibrada ajuda a prevenir **algumas** doenças. No entanto, não se pode esquecer que existem muitos fatores que contribuem para manter a saúde e uma boa qualidade de vida.

Mas o que é uma alimentação equilibrada? A resposta aparentemente é simples: é aquela que fornece todos os nutrientes necessários ao corpo, na quantidade certa. O problema é que existem mais ou menos 40 nutrientes diferentes e cada tipo de alimento possui uma combinação diferente deles. Será que é preciso ficar consultando tabelas e pesando tudo o que vamos comer?

Felizmente, não. O apetite e os hábitos de cada cultura ajudam muito nessa escolha.

Às vezes, porém, os hábitos são fruto de uma educação errada ou de crendices e superstições. O tabu de que manga com leite faz mal, por exemplo, surgiu na época da escravidão, quando os fazendeiros que tinham leite e manga em suas propriedades espalharam esse mito, com a finalidade de evitar o consumo excessivo de leite pelos escravos.

Outro problema é que nossos hábitos e apetites são muito influenciados pela propaganda e muitos alimentos satisfazem apenas a necessidades criadas pela publicidade.

Por isso, para orientar melhor nossa alimentação, os cientistas criaram algumas regras simples.

Eles reuniram todos os alimentos em grupos, organizados em uma pirâmide. Devemos ingerir pelo menos um alimento de cada grupo diariamente. A largura da pirâmide em cada nível dá uma ideia da quantidade relativa de cada tipo de alimento em uma dieta equilibrada. Os alimentos da base, por exemplo, participam em maior quantidade na alimentação do que os alimentos no topo da pirâmide.

Vamos examinar melhor os grupos de alimentos. As quantidades indicadas para cada grupo referem-se a uma média de consumo em adultos e serve apenas para dar uma ideia da quantidade relativa em uma alimentação normal.

A pirâmide dos alimentos.

Gorduras, óleos e açúcares

No topo da pirâmide estão os óleos usados para fritar ou temperar alimentos e os alimentos ricos em gorduras e açúcar comum (manteiga, sorvete, balas, bolos, doces, óleos, refrigerantes etc.). Eles devem ser consumidos em pequena quantidade devido ao grande número de calorias e ao fato de não possuírem vários tipos de nutrientes importantes, como fibras e certas vitaminas e minerais.

Ao consumir alimentos ricos em açúcar, a pessoa perde a fome, mas pode não ficar bem alimentada. O consumo excessivo pode levar também à obesidade ou a problemas no sistema circulatório. Por isso, a maioria das calorias e nutrientes deve vir dos alimentos dos outros grupos.

É preciso, no entanto, lembrar que há dois tipos de gorduras: as insaturadas (encontradas nos óleos vegetais) e as saturadas (presentes geralmente nos alimentos de origem animal) e são estas últimas que aumentam o risco de doenças cardiovasculares.

O grupo dos cereais

O primeiro grupo, o dos cereais (que inclui também pães, biscoitos e massas), fornece carboidratos, a principal fonte de energia para o nosso corpo. Eles contribuem também com um pouco de proteínas, vitaminas e fibras (principalmente se forem integrais ou enriquecidos). Além disso, eles são, em geral, pobres em gordura — o que é ótimo para evitar doenças do coração e arteriosclerose.

A quantidade de cereais consumidos vai depender do peso, da idade e dos gastos de energia de cada um. Podem ser quatro, seis ou mais porções diárias. Uma porção equivale a meia xícara de chá de arroz, milho, aveia ou macarrão. Ou a uma fatia de pão, ou meio pão francês.

Deve-se dar preferência aos cereais integrais ou enriquecidos, que contêm fibras e vitaminas. O arroz malequizado ou parboilizado é também uma boa opção: ele é tratado para conservar as vitaminas do complexo B quando a película que recobre os grãos é removida.

Balas, doces, sorvetes, chocolates, refrigerantes, pães doces etc. também fornecem carboidratos. Mas, como você já sabe, têm muito açúcar e gordura. Por isso, sempre é bom trocar doces por frutas, e refrigerantes por sucos ou refrescos de frutas frescas.

Ameris/Sigla

A variedade de frutas existentes em nosso país poderia ser mais bem explorada na forma de sucos. A quantidade de sabores supera em muito a dos refrigerantes existentes no mercado.

Verduras, legumes e frutas

Verduras, legumes e frutas fornecem vitaminas, sais minerais e fibras — além de carboidratos.

Deve-se comer 3 a 5 porções de verduras e legumes por dia (uma porção equivale a uma xícara grande de vegetais crus) e 2 a 3 porções de frutas (uma porção equivale a uma fruta de tamanho médio ou meia xícara grande de suco de fruta), de acordo com o gasto de calorias. Deve-se incluir verduras ou legumes ricos em betacaroteno e, pelo menos uma fruta rica em vitamina C.

Outro bom conselho é variar os alimentos: fica mais fácil conseguir as vitaminas e os sais minerais. Certas folhas ricas nesses nutrientes deixam de ser aproveitadas por simples ignorância. É o caso da folha de beterraba, rabanete, nabo, abóbora, mandioca e cenoura.

No caso da mandioca, as folhas devem ser sempre fervidas antes de comidas, pois, cruas, possuem uma substância tóxica. O espinafre, depois de cozido, deve ser comido no mesmo dia, pois também pode desenvolver substâncias tóxicas. As batatas germinadas ou esverdeadas devem ser evitadas, pois contêm solanina, uma substância venenosa. Para evitar a formação de solanina, a batata deve ser guardada protegida da luz.

Se não for possível comer os vegetais crus, eles devem ser cozidos inteiros (ou cortados em pedaços grandes), com pouca água e no menor tempo possível, a fim de evitar a perda de vitaminas e sais minerais.

O grupo da carne e alternativos

No grupo da carne e alternativos (ave, peixe, miúdos, ovos, soja, feijão, lentilhas, ervilhas, grão-de-bico) encontram-se proteínas, alguns minerais (principalmente ferro), algumas vitaminas do complexo B e gorduras. Pode-se comer de 2 a 3 porções. Uma porção equivale a um ovo, 60 a 90 g de carne (um bife bem pequeno ou meio peito de frango) ou meia xícara de feijão cozido.

Para diminuir a gordura e o colesterol, devem ser escolhidas carnes magras, removendo a pele das aves e a gordura visível da carne. Pelo mesmo motivo, hambúrguer, presunto, salsicha, linguiça, bacon ou toucinho devem ser evitados, assim como as frituras. (Evitar não quer dizer não comer nunca.) A carne, de preferência, deve ser grelhada, assada ou cozida. Se for necessário fritar, o óleo não deve ser reaproveitado: com o aquecimento repetido, ele adquire substâncias nocivas à saúde.

Os vários tipos de carne têm, praticamente, o mesmo valor nutritivo, independentemente dos preços, mas o fígado contém mais vitaminas.

Quem decidir cortar totalmente a carne vermelha, substituindo-a pela carne branca (frango ou peixe), não deve esquecer de incluir outras fontes de ferro; verduras de folhas verdes e feijões, por exemplo.

Se a quantidade de carne for muito pequena ou nenhuma, deve-se usar a mistura de cereais e leguminosas, além de um pouco de proteína animal na forma de ovo ou queijo.

O grupo do leite e derivados

O leite e seus derivados fornecem, principalmente, cálcio, vitamina D, gordura e proteína. O cálcio é particularmente importante na fase de crescimento para formar os ossos.

A quantidade pode variar: cerca de 2 porções para bebês, 2 a 3 para pré-escolares e 3 a 4 porções para a criança em idade escolar. Uma porção equivale a um copo de leite ou 50 g de queijo.

E para beber?

Nosso corpo deve estar sempre bem hidratado, principalmente em dias quentes e depois de praticar exercícios. E isso por vários motivos. Em primeiro lugar, porque as reações químicas que garantem a vida somente são possíveis quando as substâncias estão dissolvidas na água.

Em segundo lugar, porque a água leva substâncias para todas as células (pelo sistema circulatório) e ajuda o corpo a livrar-se de substâncias tóxicas ou em excesso, pela urina.

Finalmente, a água ajuda ainda a regular a temperatura do corpo pelo suor: quando o suor evapora, perdemos calor, refrigerando o corpo.

Assim, é importante a reposição rápida da água perdida pela transpiração, respiração, urina e fezes. Dessa forma, estaremos ajudando o corpo a funcionar melhor, livrando-se rapidamente de substâncias tóxicas, e a evitar que sais minerais se depositem nos rins e formem cálculos (pedras).

Uma parte da água vem com os alimentos, principalmente frutas e verduras, em que cerca de 80% do peso é água. A outra parte é obtida bebendo água pura, sucos, refrescos e refrigerantes. Quanto aos refrigerantes, valem as ressalvas já feitas anteriormente: têm açúcar (exceto os dietéticos) e pouco valor nutritivo.

Bebidas e condimentos

Crianças e adolescentes não devem tomar bebida alcoólica. A bebida na juventude é um fator de risco de dano cerebral. Estudos mostraram que jovens consumidores de álcool têm a parte do cérebro relacionada à memória 10% menor. Mulheres grávidas também não devem consumir álcool para não prejudicar o feto.

Da mesma forma, não se deve consumir bebida alcoólica antes de dirigir veículos ou de realizar qualquer trabalho que exija atenção e coordenação motora.

Alguns estudos, ainda não confirmados, indicam que beber dois copos de vinho por semana protege os adultos contra doenças cardiovasculares. Mas a mesma proteção pode ser obtida com atividade física regular, sob orientação, e alimentação equilibrada. Além disso, há sempre o risco da dependência e do consumo excessivo, com danos ao fígado, ao pâncreas e ao cérebro. A sobrecarga do fígado pode levar à

Adoçantes e alimentos *diet* e *light*

Para substituir o açúcar comum, os diabéticos podem consumir adoçantes (sacarina, aspartame e outros) que contêm pouca ou nenhuma caloria.

No rótulo dos adoçantes está especificada a quantidade diária máxima que pode ser ingerida sem riscos. Isso significa que devemos evitar ingerir grandes quantidades desses adoçantes. Além disso, o adoçante aspartame não deve ser consumido por pessoas com fenilcetonúria, uma doença genética rara. Os produtos com aspartame trazem no rótulo uma advertência sobre esse fato.

Alimentos dietéticos (ou *diet*) são aqueles que não possuem determinadas substâncias. Pessoas com diabetes (uma doença em que o organismo tem dificuldade de processar parte do açúcar ingerido), por exemplo, consomem alimentos especiais que não possuem sacarose (açúcar comum).

Os alimentos *light* ou *lite* (= 'leve') apresentam baixo teor de calorias ou de alguma substância em relação ao produto normal. Para merecer o rótulo *light*, essa redução deve ser de pelo menos 25% em relação ao produto normal. Eles podem ser usados por pessoas que querem manter ou perder peso.

Juca Martins/Pulsar

Dirigir alcoolizado é uma das maiores causas de acidentes de trânsito, principalmente entre jovens.

morte gradativa das células desse órgão: é a cirrose hepática. Além disso, o álcool pode provocar gastrite e reduzir as defesas do corpo contra infecções.

Em segundo lugar, o álcool tira o apetite e, apesar de fornecer calorias, não tem praticamente nenhum nutriente: um grama de álcool fornece 7 calorias, quase o dobro de calorias do açúcar. Por isso, quem bebe muito não se alimenta direito.

Finalmente, há o risco de dependência: a pessoa pode passar a beber descontroladamente, tornando-se cada vez mais irritada, com perda de memória e outros problemas. Se ela não parar de beber (o que para algumas pessoas pode ser muito difícil), seu estado vai piorar a ponto de prejudicar a vida profissional, social e familiar, e levar a alucinações e à morte.

Pessoas com tendência ao alcoolismo não devem beber — nem uma gota. As grávidas também devem evitar bebidas alcoólicas, pois há risco de danos para o feto.

Ricardo Arias/Science Photo Library/Stock Photos

Desde os tempos mais remotos, os condimentos têm sido importantes nas trocas comerciais entre povos de diversas culturas.

Café, chá preto, bebidas à base de cola e guaraná em pó possuem cafeína, um estimulante que diminui o cansaço e a sonolência e melhora a atenção (chás aromáticos, como a erva-doce, boldo etc. têm quantidades desprezíveis de cafeína).

Embora a cafeína tenha sido acusada de aumentar riscos de infarto, pressão alta e até câncer, nada disso foi provado. É verdade que uma pessoa com gastrite ou úlcera precisa evitar bebidas com cafeína, para não irritar o estômago, mas não é ela que provoca esses problemas.

Para algumas pessoas, consumir cafeína antes de dormir pode prejudicar o sono. Para outras, muito mais sensíveis, um consumo excessivo pode provocar irritabilidade, dificuldade para coordenar os movimentos, insônia, tremores, taquicardia (o coração bate mais rápido) e dor no estômago.

Quanto aos condimentos, eles dão mais sabor à comida, estando diretamente relacionados ao prazer que cada refeição pode nos proporcionar.

Alho, cebola e limão são bastante saudáveis, mas o óleo e o azeite devem ser usados com moderação, bem como o sal. Geralmente consome-se muito sal, tanto através de produtos industrializados (batatas fritas, sopas desidratadas, defumados, enlatados etc.), como no preparo da comida.

Como o excesso de sal pode aumentar os riscos de pressão alta, é conveniente limitar a quantidade de sal comum a cerca de uma colher de chá (6 g) por dia e diminuir o consumo de produtos com muito sal.

A conservação dos alimentos

A necessidade de transportar, estocar e comercializar os alimentos levou o homem a desenvolver uma série de técnicas para evitar que eles se estraguem.

Um exemplo é a pasteurização: o leite é aquecido a 72 graus por 15 segundos e, a seguir, rapidamente resfriado, o que reduz muito o número de bactérias (mesmo assim é recomendável ferver o leite antes de tomá-lo). O congelamento, por sua vez, é muito usado para conservar carnes, enquanto a desidratação serve para conservar o leite em pó.

Os aditivos químicos

Aditivos químicos são substâncias usadas para conservar o alimento e também para dar cor, aroma, sabor, consistência a um alimento.

Eles são identificados por letras e números em algarismos romanos na embalagem. PI, por exemplo, é o conservante ácido benzóico; AI é o ácido ascórbico (é a própria vitamina C servindo como antioxidante).

Alguns aditivos são inofensivos (caroteno, lecitina, vitamina C etc.), mas outros, como o ácido benzóico ou o corante amarelo tartrazina, podem causar alergia em algumas pessoas, que teriam de evitar o consumo de alimentos com esses produtos.

Antes de um aditivo ser usado, ele é testado em vários tipos de animais para descobrir se há algum efeito tóxico. Por isso, muitos cientistas acham que, dentro das quantidades consumidas normalmente pelas pessoas, os aditivos são seguros.

No entanto, pesquisas indicam que os nitritos (PVIII) e os nitratos (PVII), usados para conservar salsicha, *bacon*, presunto e outras carnes preparadas, podem formar no aparelho digestivo substâncias chamadas nitrosaminas. Em concentrações altas, as nitrosaminas podem causar câncer em animais.

Muitos cientistas argumentam que a quantidade de nitrato e nitrito ingerida com os aditivos é muito pequena e não produz concentrações altas de nitrosamina. Além disso, os nitratos e nitritos estão presentes naturalmente nos vegetais e na água e a quantidade total ingerida com alimentos naturais é maior do que a ingerida com alimentos com esses aditivos.

É sabido que uma substância pode ou não ser venenosa dependendo da dose: o curare, por exemplo, um veneno usado por índios em suas flechas, serve como relaxante muscular em doses bem diluídas.

Outro exemplo é a sacarina, um adoçante sintético que causa câncer em ratos, mas em seres humanos os estudos não confirmaram qualquer possibilidade de risco.

A bem da verdade, estamos sempre em contato com agentes potencialmente cancerígenos: raios ultravioleta do sol, radioatividade, produtos químicos etc. O que se deve evitar é uma exposição prolongada e frequente a esses agentes.

Aliás, mesmo um alimento natural, sem aditivo, pode fazer mal se for ingerido em grande quantidade: comer muito repolho, por exemplo, pode prejudicar a glândula tireoide.

Alguns alimentos podem estar contaminados por bactérias ou toxinas, como a aflatoxina, produzida por fungos em amendoim e cereais armazenados em lugar quente e úmido. Essa toxina é perigosa: ela provoca o câncer de fígado em animais de laboratório.

Pesticidas e agrotóxicos também causam contaminação nos alimentos. Quando mantidos em níveis baixos, eles não oferecem perigo. Mas nem sempre a fiscalização do governo é eficiente. Nesse caso, a sociedade precisa pressionar o governo para que esses produtos sejam usados de acordo com receituários prescritos por agrônomos e exigir maior fiscalização e controle.

Nos dias de hoje é muito difícil evitar completamente alimentos sem aditivos. Sem eles, muitos produtos estragariam logo e até seriam perigosos: nitritos e nitratos, por exemplo, impedem a proliferação de bactérias que causam intoxicações alimentares.

Dessa forma, é importante que haja um controle rigoroso das autoridades a fim de detectar um excesso de aditivos e proibir o uso deles se for constatado algum efeito tóxico.

Dieta vegetariana, macrobiótica, *fast food*

Muitos adolescentes trocariam de bom grado a refeição caseira tradicional por um lanche com hambúrguer ou cachorro-quente, batata frita e refrigerante. O problema é que esse tipo de refeição, chamada *fast food* (comida rápida), não preenche todas as necessidades de vitaminas e sais minerais.

Além disso, há muita caloria em forma de gordura, que pode levar à obesidade ou ao aumento do colesterol — para não falar do excesso de sal e da pouca quantidade de fibras.

É verdade que ir à lanchonete pode ser um programa legal. Mas a *fast food* não deve substituir com muita frequência uma dieta mais variada e equilibrada. Ao comer fora, seria interessante pensar em outras opções também, como saladas.

Outra forma de alimentação é a dieta vegetariana. Há vários tipos: algumas cortam carne e peixe, mas permitem ovos ou leite. Nesse caso, é preciso garantir o consumo de aminoácidos essenciais, misturando criteriosamente cereais e leguminosas.

Deve-se procurar comer alimentos ricos em ferro e em vitamina C, já que ela aumenta a absorção do ferro presente nos vegetais (que não é absorvido com tanta facilidade como o ferro dos alimentos de origem animal).

Alguns vegetarianos, no entanto, não comem nenhum produto de origem animal. Nesse caso, há risco de carência de proteínas, ferro, cálcio, zinco, fósforo, riboflavina e, principalmente, vitamina B_{12}, só encontrada em alimentos de origem animal.

Essa vitamina terá de ser consumida na forma de medicamento para evitar anemia. Observou-se também que o leite das mães que não comem qualquer alimento de origem animal é pobre em vitamina B_{12}, podendo afetar o desenvolvimento do sistema nervoso da criança.

Se não restringir muito os alimentos, a dieta vegetariana pode ser equilibrada e saudável. Mas os supostos benefícios que ela traria à saúde, como o menor risco de doenças cardíacas e câncer de intestino, podem ser obtidos de modo menos radical, reduzindo-se a quantidade de gordura animal e consumindo mais vegetais com fibras. (Afirmações de que a carne causaria câncer ou tornaria as pessoas agressivas não têm comprovação científica.)

A dieta macrobiótica é um tipo de dieta vegetariana que permite apenas

Grossey/Spooner/Gamma

O ideal é não fazer da *fast food* um hábito.

um pouco de peixe como fonte de proteína animal, entre muitas outras recomendações. Seus defensores afirmam que ela é capaz de prevenir e curar diversas doenças, mas não há evidências científicas que comprovem isso. Na realidade, essa dieta foi condenada pela Associação Médica Americana, por não suprir todos os nutrientes na quantidade necessária para preservar a saúde.

Há ainda um número enorme de produtos a que se atribuem propriedades medicinais: clorofila, vinagre de maçã, lecitina, ginseng, leite de cabra, granola, extrato de timo, mel, arroz integral, geleia real, pólen, colina, lactobacilo, carvão ativado, aminoácidos (triptofano, cisteína, lisina, ácido glutâmico), florais de Bach, inositol, papaína, espirulina e muitos outros.

Também com relação a esses produtos, não há nenhuma comprovação científica de que eles sejam capazes de eliminar gorduras do sangue, fortalecer músculos, retardar o envelhecimento, desintoxicar o corpo, melhorar a memória, emagrecer, proteger contra radiações, diminuir o estresse, curar artrite, impotência, doenças cardíacas, Aids ou câncer.

Em alguns casos, eles podem até ser prejudiciais à saúde. O fato de um produto ser natural não quer dizer que não possa fazer mal ao organismo. O chá de confrei, por exemplo, pode causar lesões ao fígado; o ginseng aumenta a pressão do sangue e pode irritar o estômago e o intestino.

Por isso, antes de usar uma planta ou outro produto natural como remédio, é preciso realizar testes científicos para saber se ela de fato tem o efeito pretendido, qual a dosagem necessária e quais os possíveis efeitos colaterais.

Além disso, a composição química da planta pode variar de acordo com a região em que é cultivada: a mesma espécie crescendo em outro lugar pode não ter o efeito desejado.

Por isso, deve-se desconfiar de dietas, chás e produtos que se propõem a curar ou prevenir várias doenças. O melhor é saber primeiro o que pensam médicos e cientistas dessas pretensões.

7 Desnutrição

Desnutrição é a falta de algum nutriente na quantidade necessária ao organismo. Uma pessoa pode até comer muito, mas, se estiver faltando na sua alimentação a quantidade mínima necessária de ferro, por exemplo, ela estará desnutrida.

Enquanto a desnutrição é caracterizada pela falta de nutrientes, na fome há uma insuficiência de calorias no organismo. Nesse caso, a pessoa ingere tão pouca comida que há falta de carboidratos e outros nutrientes: é a chamada desnutrição calórico-proteica.

Há mais de uma causa para a desnutrição: vermes intestinais podem estar retirando nutrientes do corpo, ou algum problema no sistema digestório pode estar reduzindo a absorção desses nutrientes. Na maioria dos casos, porém, a causa é a falta de comida. Os mais pobres simplesmente não têm dinheiro para comprar comida suficiente.

A desnutrição, aliada à falta de acesso aos serviços de saúde e saneamento básico, é responsável por mais de 20% das mortes das crianças de até cinco anos, nos países em desenvolvimento. Um dos motivos da mortalidade é a diminuição da defesa contra infecções, que ocorre em pessoas desnutridas.

A criança desnutrida pode ter seu desenvolvimento físico prejudicado e tornar-se também desmotivada, sem curiosidade, o que, por sua vez, prejudica seu desenvolvimento mental.

A importância do leite materno

O ideal é que nos seis primeiros meses a criança seja alimentada com leite materno: ele é mais facilmente digerível, está isento de bactérias e ainda contém anticorpos que protegem a criança contra infecções.

O perigo de desnutrição aumenta depois que a criança pobre desmama: ela passa a receber uma alimentação rica em carboidratos, mas pobre em proteínas (encontradas em alimentos mais caros). Isso, justamente na época em que ela precisa de proteínas para crescer e formar músculos.

O resultado pode ser uma desnutrição leve (o peso está 10% a 24% abaixo do normal para sua altura e idade), moderada (25% a 40% abaixo do peso) ou grave: neste caso, os músculos estão atrofiados, os cabelos, finos e quebradiços, o rosto, os pés e as mãos incham e a criança torna-se triste e apática, e sua capacidade de aprendizado está bastante prejudicada. Na desnutrição grave, a criança corre risco de vida e precisa receber logo os nutrientes que faltam.

O alimento perfeito para os primeiros meses: limpo, nutritivo e protetor.

Daniel Augusto Jr /Pulsar

A luta contra a fome

Em nosso país, a desnutrição vem quase sempre acompanhada de doenças causadas pela falta de saneamento, isto é, de uma rede de água e esgoto. É uma situação extremamente perversa: renda baixa, consumo inadequado de alimento, desnutrição, facilidade para infecções e mortalidade infantil alta.

A conclusão é óbvia: o problema só pode ser resolvido completamente gerando empregos, melhorando o poder aquisitivo das classes mais pobres e investindo na educação básica, para formar jovens bem qualificados para o trabalho, de modo a aumentar sua produtividade e remuneração. Mas há outras coisas que se podem e se devem fazer para minimizar essa situação trágica.

Chico Ferreira/Angular

Rui Cândido/Angular

No Primeiro Mundo, a principal causa da deficiência de crescimento é a falta de hormônio. No Brasil, é a desnutrição. O resultado: crianças tristes, com dificuldade de aprendizado e mais suscetíveis a anemias e infecções.

Alexandre Tokitaka/Abril Imagens

A quantidade de comida desperdiçada fica mais grave num país com tantos desnutridos e famintos como o Brasil.

Frederico Rozário/Folha Imagem

Sem dúvida, a distribuição de alimentos não é suficiente para resolver o problema dos que não têm dinheiro para comer. No entanto, participar de campanhas contra a fome é um primeiro passo rumo à conscientização da gravidade dessa questão.

O peso ideal segundo a Organização Mundial de Saúde (OMS):

Idade	Masculino	Feminino
0	3,3	3,2
1	10,2	9,5
2	12,3	11,8
3	14,6	14,1
4	16,7	16,1
5	18,7	17,7
6	20,7	19,6
7	22,8	21,9
8	25,4	24,8
9	28,2	28,5
10	31,6	32,5
11	35,4	37,0
12	40,3	41,7

Uma desnutrição é considerada leve ou moderada quando há diminuição do peso e da altura, mas a criança não apresenta os sintomas da desnutrição grave (cabelos finos e quebradiços, músculos atrofiados, inchaços no corpo etc.), que exige tratamento hospitalar.

Em primeiro lugar, melhorar o abastecimento de água e esgoto para atacar uma das principais causas de mortalidade infantil: as diarreias provocadas por água contaminada.

Outra providência que já devia ter sido tomada é a fortificação dos alimentos básicos, como muitos países já fazem, enriquecendo a farinha de trigo e o açúcar com vitaminas e ferro (e não seria caro fazer isso).

Tudo isso sem esquecer de campanhas educativas mostrando que um país pobre como o Brasil não pode se dar ao luxo de jogar fora talos e folhas de beterraba, brócolis, cenoura, nabo, rabanete e outras hortaliças. Sem contar os 24 milhões de toneladas de grãos, hortaliças e frutas perdidos por deficiência nos processos de colheita, transporte e armazenamento. Um país pobre que se dá ao luxo de perder mais de 5,4 bilhões de dólares por ano em comida!

Ao mesmo tempo é preciso pesquisar e aproveitar melhor uma de nossas maiores riquezas: a diversidade de plantas e animais — a biodiversidade. Técnicos da Embrapa (Empresa Brasileira de Pesquisa Agropecuária) constataram que, na região do cerrado (que cobre 33% do território brasileiro), existem muitas plantas nativas com potencial alimentar desconhecido até da população local.

É necessário também investir mais nos programas de assistência alimentar, através da merenda escolar e da distribuição gratuita de alimentos para grupos mais pobres. E essa não seria uma tarefa apenas do governo: todos podemos participar de campanhas contra a fome, através de associações de bairro, de sindicatos e da Igreja.

Como os jovens já podem votar aos 16 anos, é fundamental acompanhar o trabalho dos políticos na Câmara e no Congresso. Assim, na hora de escolher os candidatos, o critério vai ser o que eles fizeram e não apenas o que eles prometem realizar.

Uma sociedade em que uma minoria com altos padrões de renda e consumo convive com uma maioria miserável, além de não ser uma sociedade justa, dificilmente poderá promover uma melhora na qualidade de vida — e aí se incluiria a alimentação — para todos.

Continuação da história
da página 10.

A vida e seus temperos

IV

Só havia uma maneira de pôr fim às minhas dúvidas. Não vacilei em colocá-la em prática.

— Mãe! — exclamei, ao entrar na cozinha. — A senhora podia me arrumar quatro quilos de alimentos não perecíveis?

Meu pai, que tomava cerveja na mesa da copa, me olhou espantado.

— Quero colaborar com um grupo que faz campanha contra a fome — expliquei, prevendo que isso havia de ser o início de um relacionamento maior com Kenya.

Minhas previsões não estavam erradas. Ao sair do teatro, dois dias depois, estávamos de mãos dadas e eu não sei contar nadinha do que se passou na peça. Namorei o tempo todo.

Levei Kenya para casa e ficamos os dois no portão, vendo a noite chegar. Aquele que seria nosso beijo de despedida foi interrompido bruscamente pela chegada da mãe de minha (agora) namorada.

— Filha, o jantar está na mesa.

Kenya e eu olhamos para ela nos perguntando se havia visto o que estávamos fazendo. Tudo indicava que sim, mas a mulher à nossa frente, no mínimo, resolveu disfarçar.

— Ah, você está com um amiguinho aí...

— Mãe, este é o Zé Vítor — Kenya me apresentou, com um sorriso amarelo.

— Oi, dona Fúlvia — cumprimentei, com um sorriso mais amarelo ainda.

— Quer jantar com a gente? — a mãe de Kenya convidou, de uma maneira tão simpática que não vi como recusar.

Eu tinha me esquecido por completo das minhas preferências alimentares. Também, não podia esperar, ao sentar-me à mesa da família de minha namorada, que seria servido de um prato — reforçado, diga-se de passagem — da mesma comida que havia motivado minha briga com meu pai, alguns dias antes.

Claro que ali não havia maneira de me rebelar como tinha feito anteriormente. Sob os olhares de todos, que pareciam esperar que eu começasse para darem início à sua refeição, não me restou alternativa. Peguei os talheres e, disfarçando a cara de desgosto, ataquei.

— Muito bem, Zé Vítor! — disse dona Fúlvia, admirando o meu entusiasmado apetite. — Coma bastante e dê o exemplo para Kenya. Essa menina se preocupa com a fome dos outros, mas com ela mesma... E vocês estão numa fase em que precisam estar bem alimentados.

Confesso que estava surpreso comigo mesmo quando deixei a casa de Kenya naquela noite. Eu não só tinha comido tudo o que me serviram como havia repetido o prato. Mais do que isso, por incrível que pareça, a verdade é que eu tinha gostado.

Ao lado da minha namorada, talvez os alimentos ganhassem mais sabor. Meu pai com certeza se enganara, pensando que a fome era o tempero adequado para resolver o problema de minha alimentação complicada. Que nada! O melhor mesmo é estar apaixonado.

Suplemento de

Atividades

de olho na ciência

Nome ____________________

Nº ________ Ano ________

Escola ____________________

Fernando Gewandsznajder

Nutrição

Sabemos que não é fácil mudar alguns hábitos alimentares. Mas sabemos também que o primeiro passo é estarmos bem informados sobre o assunto. Chegou a hora de verificar o quanto soubemos refletir sobre a Nutrição. Vamos lá?

De olho na ficção

Uma dieta sentimental

Por que o Zé Vitor não quis experimentar comidas diferentes na sua casa e na casa da Kenya fez isso com facilidade?

De olho no alimento e na saúde bucal

1 Anote os bons (B) e os maus (M) hábitos e confira suas respostas após a leitura do livro.

( ) Comer sanduíche acompanhado de algum vegetal
( ) Usar batata como opção de verduras ou legumes
( ) Preferir sucos de frutas a refrigerantes
( ) Preferir pães e biscoitos integrais aos brancos
( ) Usar açúcar mascavo e mel para não engordar
( ) Escovar os dentes depois de comer alimentos ricos em açúcar
( ) Comer uma fruta de sobremesa em vez de balas
( ) Fazer várias pequenas refeições durante o dia
( ) Comer verduras como fonte de fibras e sais minerais
( ) Tomar comprimidos de vitamina para ficar forte
( ) Beber pouca água ao longo do dia

2 Observe os dados da tabela sobre a população brasileira sem nenhum dente em faixas etárias diferentes:

Faixa etária	Pessoas sem nenhum dente
18 a 34	2,3%
35 a 49	8,2%
50 ou mais	37,8%
Total da população	**14,4%**

Fonte: Fiocruz/OMS

O IBGE estima a população atual brasileira em 179 milhões. Significa que 26 milhões de brasileiros não possuem mais nenhum dente natural. A pior situação é a das mulheres pobres com mais de 50 anos: 55,9%. Quais devem ser as causas dessa situação?

De olho na boa alimentação

1 Selecionamos alguns trechos adaptados de um artigo sobre "aventuras" do jornal *O Estado de S. Paulo* (20/10/2003):

Alimentação correta, energia de sobra

Caminhar durante horas e por vários quilômetros requer grande esforço físico. O organismo necessita de alimentos adequados a fim de gerar energia suficiente para o praticante dessa atividade (*trekking*, em inglês) ter boa disposição e enfrentar os desafios de uma trilha. Manter uma alimentação balanceada é sempre primordial.

Todo *trekker* (em inglês, aquele que pratica o *trekking*) tem de ter à mão sua velha e boa garrafinha de água. Tomar pequenos goles durante todo o caminho é uma forma de evitar a sede descontrolada e de evitar a sensação de estômago pesado, o que só atrapalha o desempenho. Para a reposição de proteínas, bastões de carne seca. (...) Incluir frutas na lista é mais do que necessário. E, para os que torcem o nariz para frutas, há vários tipos de frutas secas no supermercado ou tipo *chips*, que vêm em saquinhos como os salgadinhos. (...) A reposição de carboidratos é essencial. Levar barras de cereais é uma boa opção. Mesmo para os que comem pouco doce, existem nos supermercados as barras de cereais salgadas (...).

Associe as frases às justificativas corretas:

a A reposição de carboidratos é essencial.

b Para a reposição de proteínas...

c Incluir frutas na lista é mais do que necessário.

d Tomar pequenos goles durante todo o caminho é uma forma de matar a sede descontrolada...

( ) É uma maneira de repor o líquido perdido pelo suor.

( ) Saciam a fome e fornecem vitaminas e sais minerais ao corpo.

( ) Fornecem energia para o corpo.

( ) Bastões de carne seca ajudam a manter a estrutura das células.

2 Leia a notícia retirada da internet.

O Idec (Instituto de Defesa do Consumidor), em novembro de 1996, realizou um teste com 12 marcas de sal de cozinha, encontrando a metade das marcas com dosagem errada de iodo. A adição de iodo no sal é exigida por lei desde 1953. Uma das empresas informou na época que o Ministério da Saúde não vinha fornecendo regularmente o iodo, o que levou o Idec a cobrar do governo providências para a regularização do fornecimento de iodo e uma melhor fiscalização do produto. Em agosto de 1999 o Idec repetiu o teste com 20 marcas e detectou que ainda havia duas marcas com iodo insuficiente. Dessa vez, o Ministério da Saúde tomou providências, interditando as marcas com problemas e reforçando a fiscalização sobre o setor. Em outubro e novembro de 2000, onze marcas de sal haviam sido interditadas pela Anvisa (Agência Nacional de Vigilância Sanitária), inclusive duas identificadas pelo Idec. (www.idec.org.br, em 18/5/2004)

Por que há essa preocupação com a quantidade de iodo no sal de cozinha?

De olho na vida saudável

1 Em 2004, a Fundação Oswaldo Cruz (RJ) publicou pesquisa em que ouviu 5 mil pessoas com mais de 18 anos. Com a ajuda do IBGE, a pesquisa foi representativa da população, comparando alguns fatores de risco à saúde. Com relação ao peso, constatou que 10,1% da população é obesa e que 28,5% tem sobrepeso. Pessoas abaixo do peso constituem 5% da população e 56,4% tem peso normal. Em relação à vida sedentária (isto é, pessoas que não fazem exercícios), 24% dos entrevistados não fazem nenhum tipo de exercício físico. Nesta população de hábitos sedentários, 21,5% têm entre 18 e 34 anos; 19,7% têm entre 35 e 49 anos e 31,7% têm mais de 50 anos.

a) Os brasileiros com mais de 18 anos têm mais problemas de saúde pelo excesso ou pela falta de peso?

b) Quais os riscos que a obesidade traz para a saúde?

c) Como a atividade física, orientada por especialistas, beneficia a saúde?

d) Explique por que o consumo frequente e regular de refeições do tipo "hambúrguer, batata frita, refrigerante e uma fatia de torta" pode levar tanto à obesidade como à desnutrição.

Projeto científico

Cartilha: guia para consumo de alimentos

A proposta é que as discussões proporcionadas pela leitura do livro sejam elaboradas e expressas na forma de um texto de Cartilha sobre Nutrição, do tipo de folhetos distribuídos em campanhas informativas. A Cartilha pode conter um texto crítico sobre algum comercial ou campanha publicitária de alimento veiculado na TV.

A partir de uma notícia real, os textos para a Cartilha podem ser elaborados com mais facilidade. Procure em jornais ou na internet notícias sobre alimentos e nutrição e, ao comentá-las, escreva questões importantes para alertar e informar colegas e seus familiares sobre aspectos envolvidos no tema. Você pode colocar na cartilha uma orientação sobre alimentação equilibrada, sobre os cuidados que devemos ter para evitar a obesidade e a desnutrição ou sobre a necessidade de não acreditar em comerciais de televisão que prometem perda rápida de peso ou cura de várias doenças, entre outros temas relacionados à nutrição. Procure no livro mais informações relacionadas aos assuntos das notícias para enriquecer e completar os textos.

Para comentar o comercial, organize um texto criticando-o em vários aspectos: adequação das informações, impacto no público consumidor, valores disseminados junto às informações, adequação das imagens (e dos sons, quando houver). É necessário consultar o livro, pois as opiniões devem ter referência nas informações do livro e não apenas naquilo que você acha.

O trabalho consta de algumas fases:

- ✔ A primeira é a escolha individual da notícia ou da campanha publicitária e a elaboração de um texto sobre ela para fazer parte da Cartilha;
- ✔ A segunda fase deve ser concluída em duplas, que irão pesquisar sobre assuntos parecidos para definir a forma que o texto terá para compor a Cartilha;
- ✔ A terceira é a apresentação dos textos de cada dupla para a classe e, a seguir, finalmente, a organização e seleção de textos para a confecção da Cartilha por toda a classe.